一心无累 便是良辰

马德／著

台海出版社

第一辑 这是何等美事

第二辑

一心无累 便是良辰

第三辑

活到云淡风轻

第四辑

细数过往的美好

第一辑

这是何等美事

这是何等美事

吃肉馅饺子，有蒜，有醋，吃完再喝热汤一碗，这是何等美事。

打一场球，出一身汗，然后洗一个热水澡。有干爽的衣服换，内外神清气爽，发际间有洗发水的香，衣物间有洗衣液的香，香香与共，这是何等美事。

冬日，为琐事晨起，下楼，出楼门，扑面有亮光。抬头看西天，朗月孤悬，硕大而皎洁，如美人面，顾盼生辉。遥想苏轼被贬黄州，半夜拉张怀民夜游承天寺，也不过是为一轮明月，这是何等性情。于是，独在凛冽中玩半天，看楼间月，看树梢月，看风吹月，或昂首，或顾影，或驻足，或小跑，不由得忘了缠身琐碎，这是何等美事。

结伴去幽僻地避暑，住民居。二层是平台，在古树巨荫之下，一桌，数椅，煮当地山泉，泡上好龙井，纵目四望，山有翠，翠笼云，云出岫，普天之下是酷暑，唯此独沁凉。有山风吹来，茶是可心茶，人是可心人，喝几口，聊几句，忘却人间烦恼，这是何等美事。

泡温泉，正逢下雪日。把身体交给滑润的水，把灵魂也一并交出去，只剩头颅以上的部分，张望这个尘世。宽大的落地窗外，雪一片一片地落，偶尔有车驶过，偶尔有行人走过，白的大地，白的人间，以及被温泉水泡到龇牙咧嘴的自己，刚好天人合一，这是何等美事。

春末，仿张岱《湖心亭看雪》，去某湖心岛踏春，结果，春雨绵绵，一行人皆狼狈。薄暮时分，在客栈院里点起篝火，一边烘烤衣物，一边烧烤肉蔬，酌酒数杯，渐至眼迷离，渐至心燥热，渐至手脚亢奋，然后，高歌一曲，群魔乱舞几阵。那场景那意境竟不输张岱，这是何等美事。

多年前，偶然听到歌曲《卡萨布兰卡》，劈面惊艳。在电脑前，戴上耳麦，一遍一遍，听至泪流满面。完全不知道歌曲讲的是什么故事，却在旋律中听到了诉说。多年后，看到一款车的广告视频，冰面上，一男一女在舞蹈，后面的背景里，一辆黑色的车和一辆白色的车也在舞蹈。然而最打动我的依然是音乐，恍若隔世，又重逢了另一支《卡萨布兰卡》，是印度歌，还是西班牙的歌，抑或是墨西哥的歌，也完全听不出来，依然是好听的旋律在讲故事。抑制不住自己的兴奋，一股脑儿把视频发给微信里相契合的朋友，让他们一起分享我的感动和快乐，这是何等美事。

光屁股长大的一伙人，个个年逾不惑，从天南地北回故乡聚首。不论混得好坏，不论高低贵贱，共睡一盘土炕上，讲小时候的故事，方言迤逦，乡情浓郁，讲到情极处，朗笑一阵，泪落几行，不觉已是夜深，不觉已是鸡鸣，依然说不完道不尽，这是何等美事。

中学时代喜欢的人，在另一城意外相逢，除了些许岁月的痕迹，彼此的变化都不大。曾经喜欢过的一切，在各自的身上还熠熠生辉。不用说一句话，相互看着或者笑笑，就是美好。然后，聊及家庭和孩子，皆安暖和谐，聊及工作和生活，都平顺安详。曾经在心底一千次一万次祈愿对方好，知道他正在好着，这是何等美事。

单位有一公费出国学习名额，一番打分排名，位置相当尴尬，正好第二名。既然无望只好偃旗息鼓，优哉游哉胜却人间无数。忽一日，领导告知，第一名资格不够，自己递补。原来，无数年前考过的学位证起了作用。读大学的时候，多少前辈苦口婆心劝阻，说考学位证根本没用，事实证明数十年来它真的没用，本以为它就要这样没用下去的时候，突然幻形入世价值连城，这是何等美事。

每晚在书房，卸下一天的疲惫，十分放松地坐在椅子上，打开音响，闭目听一段音乐，或者起身煮水泡茶，努力让每一个环节都充满仪式感。然后，或者安静读书，或者对着电脑一行一行敲出自己要表达的东西，文字里有大乾坤，书房内是小宇宙，天天做自己喜欢的事，这是何等美事。

幸福的能力，

是一种过平淡生活的能力。

会幸福才能幸福

我觉得，一个人会幸福是一种基本的生活能力。

这种能力本身跟你有多少钱没有关系，跟你手中握着多大的权力也没有关系。当然了，有钱和有权，可以让你得到自己想要的。但幸福，不是你要什么有什么就幸福了，幸福如果这么简单的话，它就不会成为人类精神世界里最昂贵的东西。

王尔德说，人类有两个悲剧：一是得不到想要的东西，一是得到了想要的东西。所以，真正的幸福，不是一种获得感，而是一种平衡感。

这样说来，如果幸福只是一个具体目标的话，即便你得到了，也未必会找到终极意义的幸福。因为，它正好符合王尔德的悲剧论。况且，任何获得感背后都容易藏着贪婪。贪婪的人在拥有的那一刻，会兴奋，但兴奋不是幸福。确切地说，这是一种刺激。

刺激给人的，只是短暂的眩晕感，而幸福予人的，是长久的充实感。

幸福的能力，是一种过平淡生活的能力。

即使你已经富贵如李嘉诚，仍觉得馒头小米粥比山珍海味也差不到哪里，就具备了幸福的能力。当然了，即便身在社会的最底层，也从没羡慕过鲜衣怒马钟鸣鼎食的生活，也就具备了幸福的能力。

不以物喜，不以己悲，守住内心的平淡平和，这样的人，必然会离幸福很近。一个人要什么有什么，与要什么没什么，都容易是人生的困境。盛时的自我冷静，衰时的自我蓬勃，都是很好的平衡内心的能力。

幸福就是心里满满的，不羡慕，也不嫉妒，不抱怨，也不觉得委屈，自己笑，也对着别人笑，嘴里常说的一句话是：挺好的，挺好的，够了，够了。

幸福感，就是自我的满足感。拥有自我满足感的人，世俗的世界可以打垮他的身体，但打不败他的内心，这样的人能力超群，自然也最容易成为幸福的人了。

一个让人厌倦的环境，最大的坏处是，你挣扎的时间长了，就会自降标准。

不是你没了标准，而是不敢奢求了。

人在绝望的世界里，其实并不奢望能有多少转机，只要不比现在更绝望，就是很有希望的一件事。

由此推及，人越幸福就越会幸福，越痛苦就越容易陷入痛苦。当人的精神被滋润，就会向生活开许多窗，进而看到别人看不到的美好。当人万念俱灰，不仅会关上所有的窗户，而且还会关上最后那扇门，自然，任何的美好，也就看不到了。

过平淡生活是最容易幸福的。这时候，稳定、恬淡、冲和激发出内心的理性之美和道德之美。理性之美那里，有秩序感；道德之美那里，有伦理感，二者共同引领生命走向自身的丰富和崇高。

这种愉悦和美，反过来会影响到身体。一个长久幸福的人，极容易是一个身体康健的人。是的，什么药都不用吃。活得幸福，就是人世间最好的药。

与轰轰烈烈的荣辱浮沉相比，平庸的幸福更贴近生命的本质需要。虚荣的人或许向往轰轰烈烈，但这些人也清楚，好多体面的背后，是好多的烦恼。只有淡泊到骨子里的人，才能放下所有，人闲桂花落，夜静春山空，安享内心的悠然祥和。

这需要一份高过世俗的超脱，一份按捺欲望的智慧。

人生如果不以建功立业计，只追求自我精神的充实和熨帖，就容易幸福。我认为，那些会幸福的人，才是这个世界第一的能人。

当时愿意，就是值得

逢对的人，做值得的事，过快意的人生，这差不多算最完美的光阴了。但事实上，生活不会让你这般畅意舒适。

对的人能逢三五个就不少，过得快不快意需要灵魂自内而外的修行，至于值得还是不值得，则无须问，也不可问。

人活在这个世界上，凡事总要问值得不值得，这样的活法本身就不值得。

因为，强化了意义的追问会让人生变得惶惑，歇斯底里的较真会把格局分割到琐碎。

回看人生，张爱玲会问自己跟胡兰成的爱情值得吗？金庸的小说中，穆念慈会问自己倾情认贼作父的杨康值得吗？京剧《四郎探母》中，身在辽国十五载改名易姓并做了敌国驸马的四郎杨延辉，决绝地到宋营探望老母佘太君值得吗？大雪三日，湖中人鸟声俱绝，张岱非得去西湖亭中喝三大杯值得吗？

这些问题都不能问。因为，这些问题没有答案。或者，它们无论怎么答都是对的，也都是错的。

我在一篇文章中，曾表达过类似观点：不管什么事，只要你当时愿意，就是值得。

这是对初心的尊重。那段岁月只可告别，不能背叛。

拿后来结果的不如意来回评当初的不应该，本身是不厚道的。因为反过来，假如一切得偿所愿——要什么得到了什么——这样的值得，简直太功利了，也太世俗了。

单纯从得失拷问人世的值得不值得，看起来，更像是从初始出发的一场阴谋。

我不会怀疑某些计较和在乎是对人生的真诚，如果它的动机是为了活着的价值和意义的话。

高尚的灵魂对自我天生苛责和自律，因为他们实在不愿蹉跎生命。在他们看来，有意义的生活是明亮的，虚耗的日子是可耻的。

也因此，人世间有些计较属于世俗境界，有些计较属于灵魂境界。前者追寻物质世界的满足和慰藉，后者追寻灵魂世界的充实和踏实。

通常，前者对值得的叩问是短暂的，这是由物质刺激的瞬

不管人世如何流转，
只要那颗爱过的心，
不蒙尘不变质，
尘世就不会老。

间性决定的。后者对值得的叩问则是漫长而持久的，精神世界的洁癖，让所有的叩问都成了信仰和哲学。

毛滂，宋朝人，曾担任杭州法曹。

他和歌妓琼芳相爱，任职期满将别，作《惜分飞》，赠琼芳。据《西湖游览志》载，当时杭州太守是苏轼，在一次席间听到歌妓唱此词，大为赞赏，当得知是幕僚毛滂所作，恨曰："郡寮有词人不及知，某之罪也。"竟派人追回，与其流连数日。

毛滂与歌妓的爱，苏轼与下属的惺惺相惜，都令人叹惋。

你会发现，为同一个世界的人，无论说什么做什么，说多少做多少，都是值得的。

西晋张瀚有"莼鲈之思"，说他在洛阳做官，一日秋风起，特别想吃家乡的菰菜羹和鲈鱼脍，于是感慨："人生贵得适意尔，何能羁宦数千里以要名爵！"大意是说，人活着就得想干点什么就干点什么，不能为名缰利锁所累。结果，他就真的辞官不做，回家乡去了。

张瀚为口吃的值得吗？不，他肯定不是仅仅为了家乡的美味。在他所处的魏晋时期，人活着，都有一股子精神，即所谓魏晋风骨。

人一旦活得有风骨，就不会有那么多苟且，也就不会攀附、谄媚、屈从以及言不由衷，就会少纠缠、多放下，就容易干净澄澈，物我两忘。

这时候，其实已经不用问值得不值得了，因为你的一切所为，皆是心之所向、心之所往，此刻也许还一无所得，重要的是，你的脚已在钟爱的这条路上。

这就是全部的值得。

问余何适，廓尔忘言

恺撒说：我来，我见，我胜。

有人质疑它的绝对。人生，不是谁都可以走向最终的胜利的吧。显然，质疑的人是拿世俗的标准来衡量人生成败的。

其实，恺撒的这句话，完全可以这样理解：我来，我见，我明白。

我认为，无论是谁，活明白了，人生就胜了。

这跟得到多少失去多少，没有任何关系。

胜的人，不是拥有了多少，而是不论拥有多少，都活得饱满自在。

“华枝春满，天心月圆。”

初读弘一法师的八字偈语，令人心悸。

心悸是因为这八字，太圆满太绚烂了。绚烂至极，必苍凉而后至。

本来，想以这八字写一书法，没敢写。

倒是他的另外八个字，让人欢喜："问余何适，廓尔忘言。"有哲思况味，也有人生机趣。

你问我到什么地方去，前路宽广迢遥，我享受在路上，人生的胜景，都不必说啊，都不必说。

曾国藩组织湘军，平定太平天国运动的时候，掣肘的人不少。上至咸丰帝，下至地方大员，但是他都没放在心上。

有两个人例外，一个是沈葆桢，一个是左宗棠。他曾经有恩于这二人，但在最需要帮忙的时候，这两个人都不买他的账。

不要以为你付出了，别人就欠着你。这个世界，没有"该"和"不该"这回事。所有的一厢情愿，换来的只会是你自己的委屈和痛苦。

做过的，就要忘掉。像信奉某个宗教一样，你要记住这句话。这关乎你的修养，也关乎一辈子活着的质量。

好在还有一个李鸿章，让曾老先生得意。晚年即便疾病缠身，他仍觉得，人世还是一个不错的地方。

胡适先生在《回忆母亲》一文中写道：每天天刚亮时，我母亲便把我喊醒，叫我披衣坐起。我从不知道她醒来坐了多久了。她看我清醒了，便对我说昨天我做错了什么事，说错了什么话，要我认错，要我用功读书。

现代人育儿教子，别说一天，孩子一个月做错了什么说错了什么，都未必郑重提及。甚至一年几年的都不说，只是一味佑护溺爱。所以，一辈子下来，也决然培养不出胡适一样的人物来。

因为纸媒衰败，心里不止一次批评过时代的没落。

但反观自己，一本喜欢的杂志，原先曾一个字也不放过，要字斟句酌细细读来。后来某些篇目开始观其大略。再后来，读完一本杂志要好几天。再再后来，几天也读不了一篇。到现在，几乎连翻一翻的时间也没了。

平素也会痛骂一些视频类App，觉得这些东西纯粹是浪费时间，坑害年青一代的生命。无聊的时候翻看，也会被逗得哈哈大笑，且乐此不疲。

我们总是抱怨时代。一个时代崩坏了，感觉总是从别人那里开始的。其实，自己这里已是千疮百孔。

木心有一篇文章，叫《一车十八人》，其中有这样一段文字："我渐渐发现《红楼梦》之所以伟大，除了已为人评说的多重价值之外，还有一层妙谛，那就是，凡有一二百人日常相

在孝顺那里，
藏着一个人心底处
最后的和颜悦色。

处的团体，里面就有红楼梦式的结构。我们这个小研究所，成员一百有余两百不足，表面上平安昌盛，骨子里分崩离析，不是冤家不聚头，人人眼中有一大把钉，这种看不清摸不到边际、惶惶不可终日的状况，一直生化不已。于是个个都是角色，天天在演戏，损人利己，不利己亦损人，因为利己的快乐不是时时可得，那么损人的快乐是时时可以得来全不费功夫的。”

我读完这段话，哈哈哈笑半天。这不是他的单位，而是天底下好多单位的缩影。

如果再让我啰唆一句话的话：这个世界，好多时候，不是人在出场，而是人性在出场，人性蹲踞在后边，前面的人扑朔迷离。

金庸给蔡澜的书写序言，他说：“我小时候读《世说新语》，对于其中所记魏晋名流的潇洒言行不由得暗暗佩服，后来才感到他们矫揉造作。几年前用功细读魏晋正史，方知何曾、王衍、王戎、潘岳等等这大批风流名士、乌衣子弟，其实猥琐龌龊得很，政治生涯和实际生活之卑鄙下流，与他们的漂亮谈吐适成对照。我现在年纪大了，世事经历多了，各种各样的人物也见得多了，真的潇洒，还是硬扮漂亮一见即知。”

所以说，得行万里路，得读万卷书，然后，也是最重要的，还得阅无数人。只有见得多了，才可见世之伪情、虚情、矫情、痴情、绝情、豪情、真情。

所谓的阅历，其实就是你什么都见了，就是各色人等都表演完了，你坐在一边，一言不发。或者你把头转向窗外，窗外春芽爆满，你说一句：

“嗯，春天来了。”

出门俱是同行人

岳父患病的那两年，从来没有跟侍奉的子女高声大气地说过话，不发脾气，也没有骂过人。

后来，病重，浑身剧痛，他就不停地用小皮锤敲打前胸后背。有时候，迷迷糊糊醒来，见别人还在守护着，便催促说：“我没事，你们赶紧睡一会儿吧。”

岳父活了八十三岁。他一生躬耕乡野，待人挚诚，侍母至孝，是伟大的平凡人。

三年前，一对父母领着女儿来看我。

原因是，他们的女儿曾经患过抑郁，因为看过我的一篇文章而释然。我的那篇文章大意是说，只有善良的人才会抑郁，恶人是不会抑郁的。究其本质，善良的人会有事后的自我纠缠，而恶人在事情过去就忘记了，从不会跟自己过不去。

好像快中秋了，女孩父母来的时候，给我带来了一盒月饼。于是，我们就一块吃月饼，一边吃，一边笑，然后，说这月饼真香真甜。

我不敢说文字有治愈人的能力，但真的有打通人心的力量。

窗外，是学校的小花园。

花园里有好多的树，棵棵苍翠，有鸟在高大的梧桐树间啁啾，有荷在小池塘里临风飘举，令人心旷神怡。

每每推开窗，清新扑面而来，便觉自己是旧时的地主老财，富有得不得了。有时候，干脆对着这满眼的绿，捧一本书或一盏茶，一坐就是半天。

真正的富有，必然是灵魂充实而有趣味。一个人能为一片云驻足，能为一汪水动情，能为这么几棵树愉悦，灵魂一定是沉浸在这般诗情和趣味之中了。

凡心所向，素履以往。就这样，冬天来了，我就等着春天，不急，不躁，以富有者的高贵模样，活过这一生。

一位上了年岁的同事感慨说，现在的年轻人，都不爱锻炼了。是的，单位的球馆里，常一起打球的，总是那么几个人，很少有年轻人参加进来。

有一天，见一个小伙子呼哧呼哧地在操场跑步，前胸后背都湿透了。正想夸赞，哪料，小伙子有些不好意思，说：

“唉，我也不愿意跑，太胖了，我想减减肥。”

犹记得，好多年前一个雨后的早上，一伙老头儿老太太正转三圈倒转三圈地在公园散步。我心想，这么清凉的早上，为什么不用来睡懒觉呢？

那时，自己也正年轻。

隔着年龄，就会隔着生命中的好多东西。有时候，不同年龄段的人彼此不懂，不必计较。

因为，原本就不必懂。

写《浮生六记》的沈复，在他所生活的嘉庆朝，什么都不是，既没有做过官，也没在文章上写出过什么名声。有一年，他在朝廷赴琉球的使团中谋得一个小差事，结果海上风大浪高，随时都有倾覆的危险。在这样的生死之间，他决定写一写往事，这才有了《浮生六记》。

写完后，他都不知道有谁能看到，手稿辗转几十年，几近遗失。后在苏州的一个小地摊上被人慧眼识见，才有了被刊印并一直流传至今的这本书。

真正的传世文字，大约都是绝命书。只因为，此中有着不顾一切的真。

好的艺术也一样，就像梵·高的画，就像尼采的哲学。

由此看来，成功是多么不能强求。由这样的成功看来，对一个追求者来说，真诚和真情是多么重要。

不为难别人，不苛责自己

觉得自己对的时候，可以找到一千条理由支持自己对。同样，认为别人错的时候，也可以找到一千条理由证明别人有错。有时候，觉得自己委屈和冤枉，就是这么来的；感觉别人冥顽和不通情理，也是这么来的。

在一个人人都认为自己正确的世界，最大的感受就是，谁都对不住自己。这样，必然会导致两个恶果：一是谁也看不上谁；二是戾气越来越大，抱怨越来越多。

批评别人的时候，谁的站位都很高，谁的道理都可醍醐灌顶。该这样，不该那样，自己做不到的，希望别人能做到，自己不完美，要求别人必须完美。人在苛责他人的时候，往往格局最大，胸怀最阔，智慧，通透，看得开。

这时候，人人都可以是圣贤，也极容易英雄主义——语言上尽情挥洒自我的一腔热血和正义。然而，也极容易产生另一个极端，只看到别人一团糟，早忘了自己也一塌糊涂。

有时候，隔岸观火比隔靴搔痒还扯淡。激情澎湃的无聊，并不比不闻不问的冷漠高尚。

将心比心的人，在别人的身上看到一个缺点，会立刻想到自己的十个缺点。同样，感同身受的人，能在对方冲动的身上，看到几十年前自己的鲁莽影子。

自己并不比别人好到哪儿去——原谅就是这么产生的，宽恕也是这么产生的。居高临下不可能产生胸怀，高人一等也不可能产生气度。在平等视野里，才可以看到美感，在平和的心境里，才可以觅得到情怀。

这个世界上伟大的人，都是指责别人少，反省自己多的人。先贤说：“见贤思齐也，见不贤而内自省也。”你看，这里是“见不贤”而“内自省”，并没有说“见不贤”而骂他个狗血喷头。由此往前推，那些不能内省的人，决然也难以有“见贤思齐”的想法。

是的，看不到自己缺点的人，一般也看不上别人的优点。

自己做不到的事，尽量不要苛求别人去做。即使是自己能做到的事，也不要苛求别人一样做到。

毕竟，别人不是你。用自己的标准去衡量别人，本身就是

在平等视野里，
才可以看到美感，
在平和的心境里，
才可以觅得到情怀。

特别自我的一种做法。

这种自我，其实是自私的一个延伸。它用一种貌似合理掩盖着本质的无理，进而，以道德劫持人绑架人。对方做到了，算作自我高明，对方做不到，又以这种对比，体现自己的高尚。

真正高尚的人都在做自己。他们从自己这里出发，抵达世界的未来，而不是通过要求别人而领受未来。在他们看来，自己这里做不好，一切空谈都是虚妄。

还是那句话，道德家误国，实干家兴邦。

我觉得，人性中最伟大的部分，就是慈悲。因为，在慈悲那里，包含着平等意识。平等意识的最核心部分，是尊重，而尊重的最核心部分，是包容。所谓“君子和而不同”，就是说的这个道理。

通俗地说，就是要看别人顺眼。也因此，胸怀是这个世界最美好的东西。有胸怀的人，他自身散发出的平和气韵，是最令人舒服的东西。一个人，无论认识的还是不认识的，都说相处得舒服，那就真是活到极致了。

这境界，不是谁都能达到的。有的人，差不多活完一辈子了，还是看谁都不顺眼，还是喜欢指手画脚，时不时气不打一处来。唉，这样的人，曾经几十年的光阴，也就真的白过了。

乍交之欢，不如久处不厌

我看到了自己的渺小，是因为我看到那些大人物有时候居然也会显得那么渺小。

当然了，当我看到他们的不堪和不堪一击，作为小人物的我，感觉凡夫俗子更多的时候可以如此从容、如此强大。

卑微也许不会有那么多光鲜，但绝对好活。

我对“高处不胜寒”的理解是，高处有太多的不自由和太深的孤独。

因为太自由了就会不自由，因为太热闹了才太孤独。

你在仰望诸神，诸神也羡慕着芸芸众生的一切。

你在怀疑人间，诸神在怀疑命运。

我的意思是，只要在人群里，就会羡慕别人，并以此为痛苦。而且，这种仰望绝非是单向的，也就是说，既有下羡慕上，也有上羡慕下，这跟你在什么位置没有关系。

一个穷人说，我会有什么让人羡慕的地方呢？一个富可敌国而病入膏肓的人说，唉，你看，这个人多健康。

“佳思忽来，书能下酒。侠情一往，云可赠人。”

这是《小窗幽记》里的话。

生命可以在一瞬间，如此豪放和自在。

谁也料想不到，自己能活到多寥廓和多幽深，除非要的足够少，而放下的足够多。相反，若每天抱怨和仇恨，也分明可觑见，生命可以活到多狭隘。

每个人的高度和宽度，就是活着的境界。

世间遍地烦恼人，有时诗意地纵情一把，便是逍遥客。

我喜欢对方是庄重的。

因为庄重生威仪。在对方的认真里，既可以领受到予你的正式感，也容易触摸自我的敬畏感。

彼此的尊重就是这么来的。

但庄重，并不意味着板着面孔，并不意味着居高临下。少了灵动的庄重，就会做作，少了亲切的庄重必然显得假惺惺。

一句话，凡事太一本正经就不好玩了。有的人，无论大事小情，都要端着个架子。你发现，这样的人，连一本正经都算不上，只能叫“一本假正经”。谁也不愿接近这样的人。

真正的庄重是有温度的，这种温度就是人情味儿。他居高位，你却从没觉得他高高在上；他与你隔着距离，你却始终感受不到距离。

这样的庄重，必然亲切。它的内里包裹的，不是一颗世故心，而是一颗童心。

读过余秀华的诗文，我觉得余秀华写得比我好，我甚至认为，她比绝大多数人写得都好。

我平静地叙述这样一个事实，只是因为好多人罔顾事实。

欣赏别人的优秀本身就是件十分优秀的事情。这其实也没什么难的，只要大度一点就够了。这个世界有些人，自己不好，并不希望别人好，更不愿意别人比自己好。如果打压不了别人，他们更愿意自大。自大之后，便觉得谁也不行了。的确，狂妄可以掩盖人的无能。

天生谦卑的人，也不是天生优雅。谦卑就是向内懂得自省，向外乐于欣赏，欣赏天赋雅意，优雅也就这么产生了。

才能可以是气质的一部分，而真正的气质必然是坐在路边为他人鼓掌的气度，它是一个人人格力量的外化。希望别人好的人，是没有敌人的，相反，他赢得的朋友，会为他的人生带来更多。

乍交之欢，不如久处不厌。

朋友，终是那些久处不厌的人。

这些人固然有吸引你的优点，但更重要的是，他们没有让你难以容忍的缺点。你跟他们未必相处得有多融洽，但一定很轻松。

即便贵为知己，我相信，对方在你眼里也必定不是完美的人。从情理上讲，自己不完美就难以见识对方的完美。从事理上讲，只要是有血有肉被欲望所左右的人就不可能完美。所以，无论是谁，这一辈子，想要为自己找一个完美的人是不现实的。千里万里，城市乡野，不是你走得不够远，也不是你不够幸运，而是这样的出发本身就是错的。

当然了，两个人最终臻于完美，可以靠磨合完成。磨合是什么呢？不是你征服我，我投降你，而是你让我一点，我让你一点，在彼此的体谅和理解中完成。

这么说来，完美是很简单的，也是很艰难的。因为，把一件简单的事交给漫长的岁月，最后磨砺的，是自己的心性和耐力。当你为对方抵近完美的那一刻，你会发现，你个人早已脱胎换骨，修炼成佛。

人不可俗，不可不随俗

生活中，有这样一种人，他们并不乐意好好说话。具体表现是，言辞总是阴阳怪气、酸不拉唧的，你听不出是在赞美还是在讽刺，是肯定还是否定，是有意还是无意。说他们坏到什么地方，还谈不上，但好到哪里，也绝看不出来。与此类人往来，你不至于拉下脸来，却也真难和气相处。

以角色论，这样的人，算不上小人，但很容易成为小丑。

有时候想，这些人为什么故意把话说得这么难受和别扭呢？我觉得，他们是以这种方式跟生活较劲。他们想对生活有点态度，但本质上又怯懦，所以只好反话正说，胡话谑说，插科打诨，嬉皮笑脸。

说难听点，这是一种无聊而混账的活法。

对于这样的人，你就让他说，就像看戏台上的人唱戏，让他唱。唱着唱着，他自己就觉得没意思了。反而，他会觉得你有意思，心里想，这是个什么人呢，怎么一点反应也没有呢？

我的意思是，反唇相讥，以酸制酸，是最没格调的一件事。遇见此类人，遇上这般事，静观胜于激辩，漠视胜于对抗。你所要做的，就是用你的无视，打败他的无聊。

不管对方的格局有多窄小，有时候，不搭理他，你就站在了自己的高地。

左宗棠说，人不可俗，不可不随俗。

前者说的是，你得活得跟别人不一样。后者强调的是，你得活得跟别人一样。

不可俗，是说一个人的格调要高。不可不随俗，是说一个人融合要好。前者张扬的是个性，后者贯穿的是社会性。或者说，前者是独特的我，后者是普遍的我，两相和谐，才是一个有味道的人。

简言之，你要高贵地孤独，还要接地气地合群。

人，生来是容易俗的。有情趣，会让一个人脱俗；有修养，可以让一个人去俗。情趣，让一个人有了意思；修养，让一个人有了格调。前者提高了人的物质等级，后者提升了人的精神品相。这时候，丰富湮没了浅薄，格调璀璨了情致，生命，也便有了卓然的况味。

这种况味，既是别于其他生命的优越感，又是别于其他人的成就感。不俗，也就真的不同凡俗了。

也由此，左宗棠的一个担心是，人在活到超凡脱俗之后，容易自己把自己弄得高不可攀，进而与这个尘世渐行渐远。这样的话，无论多么高贵的孤独，也会变成孤单，无论自我多么繁盛和蓬勃，也会显得荒寒。

左大人的意思是，你的挺拔，最好在森林之中；你的绿意，最好在绿洲之上。你需要与众不同，前提是，你先要在“众”中，你需要精神高蹈，而非身体与世俗交割、逃避和疏离。你最该活成的样子，是酒中清洌，是花中淡雅，是人中响当当的那粒铜豌豆。

再通俗地说，那就是，人要有一点不同凡俗的精神生活，但即便这样，还要过在俗为俗的凡俗日子才好。

告诉你怎么能把书教好的最好人选，不是不教书的人，这样的人，距离太远，容易雾里看花；也不是一学期只象征性上两节课的专家，这样的人，眼高手低，还不知教育之难。

真正能告诉你的人，是那些为教育九死一生、遍体鳞伤还依然教出诸多优秀学生、桃李满天下的一线教师。

以此类推，那些于艰难中挺过来，还要把生活经营得很美好的人，对人生最有发言权。然而，常常是最有发言权的人，又什么也不想说。

有时候，没有形诸言语的岑寂世界，往往就是最高的哲学世界。聒噪的人越多，哲学的境界就会越低。好的哲学会调和人的心性，反过来，人的庸俗，也可导致哲学的崩坏。

读义理书，学法帖字，澄心静坐，益友清谈，小酌半醺，浇花种竹，听琴玩鹤，焚香煮茶，泛舟观山，寓意弈棋，虽有他乐，吾不易矣。

这是古人的心志，我觉得亦是哲学一境。哲学最终引领人走向的是生命的平和与冲淡，是自我心性的回归和坚守，是脚下有路，心底有光。

谁也别看谁的笑话

看一个民族前景如何，看这个民族的青年崇拜什么人就知道了。一个只把戏子当偶像的民族，一定好不了。

最好是多元崇拜，有人想当明星，有人想当科学家，有人种水稻，有人愿为环保贡献一分力量。多元崇拜的好处是，在社会分工上，谁都很重要，然后，彼此尊重，又彼此成全，这个民族才会有希望。

一个国家，不怕有很多的信仰，就怕没有真正的信仰。

一心为己的信仰，无论有多虔诚，都不会是真正的信仰。伟大的信仰必然呈现的是一种宇宙意识，因为，它首先是利他的，最后才回到自己。

有的人烧香拜佛，祈求自己升官发财。有的人开设道场，最终是为了敛聚香火钱。这不是信仰，这是在利用信仰。

谁也别看谁的笑话。否则，有一天自己也成了笑话，从别人那里，才体会到做一个笑话别人的人有多丑陋，被人笑话又有多寒凉。

人生的路很漫长，谁也不知道第二天会发生什么。所以不要把话说绝，也不要把路走绝。

得势的时候别太张扬，这样落魄的时候就会少人奚落。富贵的日子里，不要太显摆，这样一旦贫穷了，兴许还有人借给你一斗粮。

这都是低调救了你。那些想笑话你的人张不开嘴，而那些善良的人，觉得应该帮你。

由盛看到衰，方有未雨绸缪之念。由喧嚣回归寂静，可生修心养性之明。常予人笑面，就是积德；少笑人不足，便是慈悲。

人世间，真正让生命感觉到美好的是什么呢？

不是富贵，不是功名。富可敌国不过一时，权倾一方无非须臾。也就是说，这些外在的繁盛都会流转，今天是你的，明天可能就不是你的了。

有钱的以为自己会一辈子富下去，当官的以为自己会当一辈子的官。

那些过来的人都笑了。因为，这个世界最强大的，不是你，也不是你拥有的一切，而是时间。在时间面前，一切都显得脆弱。换一个说法就是，一瞬间，你可能什么都没了。所以，不要仰仗靠不住的东西，也不要想得那么远，一辈子太虚无太漫长，最要紧的，是活好当下。

有人说，闭门阅佛书，开门迎佳客，出门寻山水，是人生三乐。它强调的是人要在时空上，打通三界，与天地精神相往来。我觉得，人活到最后，其实需要的很少，八个字：能吃能喝，倒头能睡。

唯此时，生命才回到了最初始的幸福。你看看这个世界，有些人痛苦，不是他们拥有的不够多，而是连这样最简单的事也完不成了。

沉默是一种极大的智慧。或者说，一个人的沉默，会让自身的智慧雍容华贵。

这差不多成了一种气质。一个一天到晚夸夸其谈的人，无论有多大的智慧，最后也都会沦落成小聪明。人，说得少就会显得厚重，说得多难免让人觉得肤浅。

公众人物挨骂的时候居多。有的人天天在挨骂，有的人骂着骂着就没人骂了。前者是一副宁折不弯的样子。后者呢，不是沉默，就是示弱，骂的人觉得对方噤了声就是服了软，再骂下去也就没意思了。

如果对方讲道理，你不必与他理论，因为理性和智慧终会呈现真相。如果对方不讲道理，你也不必与他理论——因为讲理没意义，他疯了，你总不能也傻了吧。

在这个谁也不愿服谁的世界，能退一步，是一种沉稳和大气：不必刀光剑影，不必你死我活，血性收敛，钓台独坐。宁折不弯固然刚勇，问题是，一旦折了，连弯的机会也没有了。

有时候，即便你真的错了，选择沉默和示弱，也容易获得他人原谅。是的，如果不好意思直接认错，这是个可以一试的办法，毕竟每个人都需要台阶下。

慈悲者多寿

看得开与看不开是两种活法。凡事看得开，就是这样也行，那样也可，尽量往慈悲处去，往宽广处去，就坡下驴，顺水推舟，这样的人活久了，往往因平和而慈眉善目。

凡事看不开，就是这也不行，那也不对，怎么别扭怎么来，处处找气生，觉得全世界都与自己为敌，折腾到最后，事未必改变了多少，面相因怒多而渐见狰狞。

《道德经》说，要道法自然。佛家说，要慈悲为怀。其实，说的就是要于内在打通自己，这样五脏六腑才会无阻无滞，周身上下才可通泰通达，自我才能与天地精神相往来。因此，纠缠不如放手，争千端不如守一足。平和自会辱少，慈悲必然寿长。

早餐，小米粥就咸菜，吃得津津有味。当你突然想到李嘉诚、马云他们吃什么的时候，刚才的香甜感受可能就没了。

即便有人告诉你，他们早餐也在喝粥，你依然难以回归到此前的甘美。因为，在一种强大面前，你已经习惯于自我弱化。物质的贫瘠，让灵魂也变得可怜。总觉得，人家的一定是最好的。即便是喝粥吃咸菜，也是最昂贵的粥和咸菜，而且，华堂丽舍，仆人穿梭，比在自家的小屋里喝得要讲究和气派。

其实，人一辈子要解决的问题，就是活出自己的问题。活出自己的核心，不是眼里没有别人，而是心里没有比较，你过你的，我活我的，庙堂天涯，各自安好。

人是最怕比较的。一旦觉得不如人，就会在情绪上生发出诸多的不如意，继而在心境上日暮途穷，常有不得志之感。

倘若反过来，如果时时觉得人不如我，自然就会快乐了。但事实上，反过来的人总觉得这样不过是自欺欺人，很快就又重新陷入不如人的泥淖之中。

痛苦很容易，快乐很难。从这个意义上讲，他人不是地狱，自己才是。

同样，让一个孩子跟另一个孩子比成绩是不合适的。最合适的，是比谁更努力。

前者属于功利主义，后者才是理想主义。或者说，前者是大人把自己的功利主义迁移到了孩子身上。后者，才是让孩子的理想回归到父母的理性。

考上北大的孩子固然值得庆贺，但付出了与考北大一样辛苦的孩子，同样值得尊重。尽管这个世界讲究胜者为王，但作为父母，必须具备这样一种情怀，那就是：只要你的孩子付出努力了，他就是王，任何时候都值得自豪，也都值得向别人夸耀。

按理说，活到衣食无忧，应该是最好的状态了。因为，往前一步是贪婪，往后一步是贫穷，这两者都容易让人痛苦。

但谁都愿意拥有更多。毕竟，拥有的越多，生活就会越光鲜。至若富贵荣华，前呼后拥，众星捧月，天下谁人不喜，谁人不爱。尽管最高处可能有最深的痛苦，但有此荣耀的人不想说，仰望的人不相信，于是除了风光，也便没了痛苦。

宁可在宝马车中痛哭，也不愿在自行车上欢笑。世俗的向上方式，往往容易这般歇斯底里。这也就很好地解释了，为什么有钱人还想更有钱，当官的还愿当更大的官。因为烦恼也许缠身，但风光可以疗伤。

一个人活在这个世界上，总是会有所思考的。活蹦乱跳的时候，物质思考要居多一些，这时候最在意的是得到了什么和失去了什么。只有濒死的时候，才容易有哲学思考，因为这时候其他什么也不重要了，生死比什么都重要。

人活着的时候，想的是我还没什么；死的时候，想的是，唉，我将什么都没了。前者是存在的狂热，后者是寂灭的虚无。所以，向死而生，就会把一切看轻。然而，生之灿烂的时候，人更愿意向生而生，谁也不想活得虚无缥缈。

这是极现实的。但尴尬也在这里，人往往活得越现实，想实现的就会越多，自戴紧箍咒不说，还要自念咒语。

有意思的是，这个过程中，有人还要活得神神道道的。本来，一份好的生活是通过自己的努力换来的，但人们却总喜欢把这一切归结于有好的命运。因为，在他们看来，命运比努力更神秘，更有召唤力，更容易凝固和永恒。

一个人有好命是什么意思呢？大约是说，其实我用不着这么努力，也会得到目前拥有的一切。

与你为善的人甚多，

同你交恶的人甚少，

差不多就是成功的人生了。

你需要这样一场修行

一个人真正意义上的慈悲，不仅包括对他人的，也应该包括给自己的。

在对他人的慈悲里，可以看到另外的世界。在给予自己的慈悲里，可以触摸生命的温软。

这样，在他人的世界里雄浑，于自我的宇宙里绵密，然后一高远，一低回，一长河浩荡，一庭院深幽，前者让自己活到通达，后者让自己活到安详，最后殊途同归。

遇上慈悲者，你成为另一个慈悲者。一颗心是一个世界，两份慈悲就是呼应的宇宙，而慈悲和声共鸣的地方，就是天堂。

我觉得，对自己好一点比对自己狠一点有意义。通常，前者是生命对你的劝诫，后者是欲望对你的要求。当然了，在活蹦乱跳的日子里，怎么活都无所谓。因为看不到生死，你可以随意挥霍生命，或者，可以听任欲望随意地摆布和左右。

一旦健康出了问题，便不复此前的纵情和慷慨。世界还是这个世界，只是你已不再是从前的你。到这个时候，才真正明白，一切名利皆浮云，对自己好，才是真的好，活过别人，才是最终的胜利。

这样说来，功利的生活必然是生命的敌人。一方面欲望的实现会让自己活得好看，一方面贪婪和不满足又会让自己变得难看，前者张扬着尊贵和体面，后者又摧毁着气质和风度。物质面相和精神长相在虚荣这里高度汇合，又在虚荣这里各奔东西。

生命真正的恢宏气度，是恬然自安，是从容泰达。若什么都想争，什么也不舍，穷形尽相，是毫无气度可言的。

对自己好一点，就是少争一些，多放一些，俯伏得再低一些。放得多自会轻松，纠缠少必然自在，蛰居于低处，自可躲开人世诸多冷言冷语。

人要活得聪明些，但不能太聪明了。

聪明显得灵动，太聪明了则显得诡诈，前者可爱，后者可怕。

谁都希望遇到聪明的人，却对精明的人避而远之。有的人刚接触时，你觉得可以交往一辈子，但接触了几次之后，便发誓一刻钟也不愿再来往了。

这也很好理解，刚开始时，容易被对方的灵动感染，时间久了，必然会被对方明里暗里的诡诈所伤。

有的人活到很大岁数了，身边没有一个朋友，需要检讨的，恐怕应该是自己了。是的，没有一个人愿意跟诡诈的人在一起。有时候，智慧不够斗不过是一方面，重要的是，跟这样的人相处，既要防着这个又得防着那个，太烦了，也太累了。

于是，走为上策。不交不往，也便无烦无扰。

古人云“大智若愚”，说的就是一个人有很高的智慧，但与人交往，显得笨拙、憨厚，你都看不出他高明在什么地方。换个说法就是，人的智慧越高，越表现得谦和拙朴低调，这样的厚道和质朴，更让人愿意接近。

这时候，智慧就成了一种朴素的人格力量。

中国人是追求“内圣外王”的境界的。于内在，希望构建最高的人格理想；于外在，希望能胸怀天下拯救苍生。内在对得住自己，外在对得起他人，这是一种内外兼修的格局和情怀。

孔孟以来几千年，真正抵达这一境界的人寥寥无几。但于每个中国人来说，这境界已内化成一种修行目标，或者，成为自己仰望的典范。

是的，一个让自己仰望和尊重的人，不仅要好过自己，而且还要好到一定的高度。在人格呈现上要表里如一，无可挑剔；在时间跨度上，还得君子之风，山高水长。

活在这样的一个国度，好处是我们会沐浴在一种道德感之中，坏处是有时候会用道德感去绑架别人，或被别人绑架。

向着“内圣外王”的境界修行，你会获得更多的自由，也会有更多的不自由。前者是灵魂在高处所感受到的寥廓和苍茫，后者是遥望你的人所生的诸多苛求和质疑。

所以，你真的需要这样一场修行，否则，那颗被自由激荡过的灵魂会慢慢黯淡，而被现实的不自由所困的肉身将艰于视听。

庄子在《逍遥游》中，谈及达到逍遥的境界要“至人无己，神人无功，圣人无名”，恐怕说的就是这样一种彻底吧。

太好说话是一种交往缺陷

太好说话的人，一定是太过善良。

但这样的善良一点也不靠谱。对谁都好，就意味着没有爱憎。没有爱憎，就意味着对现实的世界不辨美丑、不论是非、不分善恶，以为笼络了所有，就得到了所有。

结果，非但一无所得，还可能一无是处。

也就是说，你善良是没有错的，但善良得没有原则，就显得有点懦弱了。

太好说话，是交往的一种致命缺陷。与太难说话相比，后者不过关了一扇门，前者却是开了无数门，结果八面来风不说，还可能四方受气。

是的，你抹不开面子，有人就敢不给你面子。

你太好说话，人家也就什么话都敢说，知道说出来，在你这里也没事。这是你的软肋，也是你的七寸。

拿捏你，是因为你好拿捏。

这也怨不着谁。你的心慈手软，造就了他人的心狠手辣。

抹不开面子的人，一般都好面子。

这样的人，有一点虚荣，有一点懦弱，有一点清高，有一点矜持，出世五分，入世五分，半遮半掩，半推半就，看似英雄主义，实则投降主义。

本来该拒绝的，稀里糊涂地应允了。本来该一刀两断的，还要苟且到藕断丝连。你不下决心，就意味着给对方信心。

打肿脸充的胖子，最终不是胖子。虚妄地自着锦绣，就意味着自毁前程。

不要为不值得的人难为情。否则，你的难为情一文不值。难为情，是人世间很重的情意，要留给有情有义的人。这样，你的善良，才有骨气，才有血性。

有的人看起来慈眉善目的，如果喜欢看人下菜碟，仍然好不到哪儿去。大凡选择性地予人冷暖的人，并不是真正的善良者。

真正的善良者，都是那些无选择地予人开阔，最后把自己逼到死角的人。

人太过善良，是人格胜景，也是人格绝境。因为太好，身边会聚拢来好人，因为拉不下脸，也会聚拢来坏人。好人懂得你的好，坏人利用你的好。懂得为你赢得的，往往并不是价值和意义，而利用为你带来的，却实实在在——有些伤害，会让你哑口无言。

面黑的人，未必心黑。说话难听的人，未必德行废弛。有立场的善良，远胜于懦弱的善良。因为，有态度的善良，才会产生威势；敢坚持原则的善良，才会有刚性。

言辞直率，交往起来温暖的人，其实更有味道。

直率，会让你隔着一段敬畏的距离。温暖，又让你觉得这段距离是多么值得。刀子嘴豆腐心，你遇上了最应该交往的人，因为越往岁月深处，你越会为狂风暴雨之后的那方蓝天而痴迷，而沉醉，越懂得这份交情的醇厚和珍贵。

“草木有本心，何求美人折”，说直率的话，并不会改变什么。有时候，你不留情面，别人才想着为你留情面。

希望你是有态度的，希望你的善良有点刺。因为，太随和太好脾气太好说话，有时候，真是一种交往的缺陷。

活到简单干净

唐高宗的时候，王皇后暗中把已经削发为尼的武则天引进宫。一来为了帮皇帝，二来为了帮自己——解除萧淑妃对自己的威胁，以达到借刀杀人的目的。哪曾料到，为了驱走狐狸，却引来了狼。武则天，是一个比萧淑妃更厉害的对手。也正是这个人，不仅要了萧淑妃的命，也要了王皇后自己的命。

但凡刀，都是锋利的，伤人的同时，也可能危及自己。

现实生活中，这样的例子比比皆是。为了某种共同的利益，你和别人结为死党，但恰恰是死党最容易成为死敌。不仅因为他比别人更了解你的能力，更重要的是他还知道你太多的秘密。

任何利益的结合，都充满着危险和变数。它的危险在于，一团和气之下，往往各自心怀鬼胎。它的变数在于，在紧要处，往往会毫无预兆地出现出卖和背叛。

还是那句话，没有永远的伙伴，只有永远的利益。

不要在欲望丛生的地方，寻找为你死心塌地的人，也不要为彼此分崩离析而伤感悲痛。从紧密结合，到渐行渐远，利益的本质决定了它的宿命。这是迟早要发生的事。这个时间的长短，决定于彼此还能利用的程度。

也因此，最好的朋友必然发生在毫无利益瓜葛的两个人之间。无瓜葛，保证了它的简单和干净。唯简单和干净，才可以推进友谊走向久远。一辈子的朋友就是这么来的，因为谁也不欠谁的，所以无纠缠，因为各自独立，所以无依赖。前者保证了彼此的自由，后者保证了各自的轻松。

然后，才有一个人对另一个人的不绝欣赏，以及深切懂得。比如钟子期和俞伯牙，比如管仲和鲍叔牙，再比如元稹和白居易。

老舍先生的长篇小说《四世同堂》，主要人物是小羊圈胡同的祁家和冠家。先生的伟大之处是，在好人家祁家创设了一个坏人祁瑞丰，在坏人家冠家创设了两个好人尤桐芳和冠高弟。

也许在先生看来，即便在一个家庭里，也不会全是好人或全是坏人。具体到一个人身上，也不会好到纯粹或坏到纯粹。道德家喜欢一概而论，用一刀切的方式，美则捧杀，丑则棒杀，以彰显自我洞明世事，智慧超脱。

大凡道德家，极容易是阴谋家，他们越标榜自我无限正确，越反证着道德的虚伪和虚妄。

故此，完全肯定一个人和完全否定一个人都是错误的。好到彻底，或者坏到彻底，是很少见的。这个世界上，只存在着你喜欢不喜欢的人，以及与你相处合适不合适的人，而所谓的好人与坏人都是相对的。你看，那些狼狈为奸的人，也要把酒言欢，也要惺惺相惜，而他们从来不认为自己是坏人。

这样辩证理解的好处是，在一个喜欢的人身上，看到他瞬间迸发的复杂，也就不会觉得突然。或者，在自己这里，忽而发现一个从未见过的自己，也便不会觉得奇怪。

你弄懂了自己，也就想明白了别人。这样，将心比心，就容易产生原谅，感同身受，就容易产生悲悯。

人很重要的一个素质，就是从别人那里看见自己。你比别人好不到哪儿去，也就不好意思居高临下，随意指责他人。

教养的产生，必然是人类自省的结果。有教养的人在一起，以美垂范，慢慢矫正着世界的种种丑陋和不堪。好的教养，每个人都觉得舒服，说明它的本质是安妥心灵的需要，是人类精神天地必然的苍翠和阴凉。

没有谁是完美的。认识到这一点，你就会看开许多。看开就是不挑剔了，就是见怪不怪了，就是无论遇上什么样的人，都可以迎来送往从容接纳了。

人这一辈子，遇上谁是不能选择的。如果你觉得无论遇上谁都对得起自己，所有的事情也就一下子释然了。人一释然，也就看什么都顺眼，干什么都顺心了。

《战国策》中记载，有一次中山君宴请国都里的士人，因为一杯羊羹没有分给他的臣下司马子期惹恼了他，结果司马子期一生气跑到楚国，劝说楚王攻打中山国。中山君被打得落荒而逃，在逃跑的路上，有两个人拿着武器誓死护卫着他。问及缘故，这两个人说，他们的父亲有一次饿得快死了，就是中山君把一壶熟食赏给他吃，使他得以保全性命。他们父亲说，中山君若有难，他们要为他而死，所以，他们就来了。

中山君仰天长叹，说："施予不在于多少，在于对方是不是处于最困难的时候，仇怨也不在于深浅，在于对方是不是伤心。我因为一杯羊羹亡国，因为一壶熟食得到两个勇士。"

这个故事，言及施与受，爱与恨，报复和报答，但我以为，里面谈及的处世分寸，值得一辈子琢磨和学习啊。

第二辑

一心无累 便是良辰

把最好给了最爱

你会发现，恨一个亲近的人，比恨一个无关紧要的人更重，也更毒。此前相守得时间越久，恨的时候，绵延的时间也会越长，正所谓“此恨绵绵无绝期”。

因为彼此融入得太多，才撕裂得这么痛苦。

从本质上看，你对对方有多恨，其实是觉得自己有多委屈。你恨对方，就是以相反的方式心疼自己。

无论相携走过多少年，一场生活的雪，都会让彼此的温暖戛然而止。朋友之间，兄弟姊妹之间，夫妇之间，都可能走到这一步。一别两散不说，也许，还会余生寒意难消。

一种情感，一旦走到尽头，是没有回头路的。即便弥合，裂痕也会在那里，很容易在某一时刻被谁拿出来说。

拿出来一次，就会再伤害一次。这样，即使彼此真能将就到最后，也会逐渐寒了心。

一句话，真的回不到从前了。

这个世界上，最牢固的关系是父母与子女的关系。但即便这样的关系，处理得不得当，也容易走形。所以，没有一种关系是牢不可破的。从亲密到崩塌，也许只隔着一句话、一件事，以及一点毫无道理的怀疑。

融洽而长久的关系，是经营出来的。它不仅需要你处处小心，还需要你时时用心。

往往是在最该认真的人那里，我们学会了敷衍，在最该用心的人那里，我们丧失了耐心。对陌生人，一句话出口，也许都要考虑斟酌；对最亲近的人，却容易脱口而出，根本不管不顾。你总觉得无所谓，当有所谓的那一天到来的时候，才发现，曾经的无所谓其实是一种软暴力，它冷漠、刻薄、不近人情。

也就是在那一刻，你才明白，这个世界有个人，用他的博大和宽广，默默地忍了你那么多、那么久。

倘若有一天，你真的失去了那个最不该失去的人，也不是谁绝情，而是生活以这样的方式让你买单。

生活的意思是，即便是在最亲近的人那里，也不能随便。

我们应该把忠诚、信任、体贴和爱，给了他们，然后才是其他的人。退一步讲，倘若我们怀有私心，真要为此打些折扣的话，也要打给那些无关紧要的人。从生命本真的情感来看，这一点也不过头。

也许会有一点狭隘，但它体现的是真实的人性。最真实的人性，必然会有一点自私。

这时候玩高大，会显得多么虚伪。这时候讲究人情均等，会显得多么没有人情味儿。

因富有而致家庭分崩离析，我便讨厌富有；因平步青云而使朋友渐行渐远，我便讨厌权力；因鸡毛蒜皮而让兄弟反目，我便讨厌睚眦必报和斤斤计较。

在我看来，在简单的人性那里，有着最丰富的尘世之美。它若疏离，生活便枯槁，它若崩塌，人世便少了意义。

年轻的时候，觉得金钱、权力、名声比什么都重要，长了年岁之后，你就会明白，最重要的不是那些东西，而是身边的人。因为，虚妄的一切都可能会远你而去，只有爱你的人，厮守着你，成为最后的依靠。

问题是，当你明白这一切的时候，有的人已经不在人世，有的人一去再无见面的机会。尽管身边有无数的人，但你活在这个世界上，已然孤独而寒冷。

自律不是让自己完美无缺，而是最大程度地节制。

钝感力是一种幸福的能力

我不觉得人活得愚拙点有什么不好，倒是那些一天到晚把别人当傻子看的人，才真的无趣。

所谓精明的人，就是这些自以为高明的人。他们活得自以为是，还常常居高临下。

愚拙的人，不敏感，不挑剔，不计较。人的钝感力，差不多就是一种幸福的能力。岳母快八十岁了，耳力越来越弱，别人锐声问话，她也听不清，总是“啊，啊，我听不见”，却见她脸色一天比一天红润了。人，没那么多事了，才会上下通泰，内外通达，方可心广体胖。

精明的人眼里，必然会有两个世界：聪明人的世界，蠢笨人的世界。愚拙的人的眼中，只有一个世界，他们觉得谁都是另一个自己——拙的本质，不是愚，而是简单和纯粹。精明的人看不起笨人，却希望满世界都是笨人。道理很简单，这些人是怪物，更是猎物——愚拙人的厚道，成全了精明人。

从人生的长远来看，笨人的身边会聚拢越来越多的人，因为相处放心，所以厮守安心。由此带来的，是一种精神上的宁谧感，以及照耀到内心的轻松感。相反，精明人身边的人会越来越少，即便是同类，也只会彼此欣赏，绝不会惺惺相惜。在更长的岁月里，利益最终会让他们穷形尽相，然后针尖对麦芒，毫无和气可言。

人性上有所欠缺的人，必然会在人格上黯淡。他们赢不了对手，也无法呼朋引伴。

这个世间，更多的人是精明的人，只是精明的程度不同而已。也因此，真正大愚若拙、大拙若愚的人就显得十分珍贵。这珍贵绝不是缘于数量上稀少，而是人性上稀缺。

白鹿原上的鹿子霖精明了一辈子，结局却很悲惨。也许，在小说家陈忠实看来，人活得太过精明了，恐怕不太合适吧。

我反对懦弱的善良，除非，这个世界能予你始终如一的宽厚。

事实上，这么纯粹的世界是不会有的。毕竟，更多的时候，人心总是善恶相杂、变幻莫测的。

也因此，随时能与恶相斗比等待对方良心发现更明智。因为太多的等待里容易有太多的苟且，苟且到最后，你就懦弱了。

善良到浑身没有一根刺，就很容易被绵羊般宰割。所以，最好你是只刺猬，内心柔软而浑身带刺，这样，让那些不怀好意的人下嘴时，心有余悸。

我喜欢这样的刚柔相济。唯如此，当你把善良给予同类的时候，温润而让人心里有底，展示给恶人的时候，庄重而让对方敬畏。

心中有大爱，最好还能有大憎。如此性格鲜明，才显得真实，如此落差跌宕，才显得饱满。无原则的善，是交往上的大忌，也是一种性格缺陷，因为它容易成全恶，而让某些人为所欲为。

从这个意义上讲，有节制的善，才富有道义的美感。

生活里，你跟更多的人相处得融洽，也总有几个人为你所不容，这才是一个有情有义的人的标配：柔软而不失刚烈，心怀大爱却又疾恶如仇。

也就是说，无论你有多好，眼里心底总要有几个看不惯的人才正常。如此，才是真实的世界，而且，你在这个真实的世界中活得也很真实。

一个人高贵的善良不仅要被社会认同，更重要的，还要被珍惜。于这个世界来说，善良不可或缺，正是它的大面积存续，才让人间温暖且生生不息。

这么说下来，其实就是说，每一个善良的人，要善待这种尊贵的品质，有节制，有原则，有态度，不滥施，自会获得该有的体面和尊重。

人间诸事，且随它去

无论多大的人物，过小人物的生活，就会超脱。

小人物的标准是什么呢？不仅要蛰伏得低，还要在乎得少。

其中，情绪是一个很重要的指标，比如，愤怒。大人物是不能愤怒的，一愤怒就没法超脱了。小人物也有愤怒，但愤怒完了觉得没用，也就不愤怒了。

你看，最好的超脱，其实就是让自己安静下来得更快。

这样，便少纠缠，少撕扯，少挣扎。否则，它就会损耗气质、破坏格局、影响情怀，最终让自己变成一个丑陋的人。

真正的超脱，不是超凡脱俗幻入仙境，那样太遥远，也不是清丽出尘格格不入，那样太高蹈。它很具体也很细微，有时候，就是尽可能地比别人少丑陋那么一点点。

就像佛，比凡人总要多慈悲一点点。

大人物能超脱得很少，因为他们需要放下的太多。但一旦想着超脱，他们比小人物更彻底，因为经历得更深刻，所以更决绝。

特别羡慕那些逍遥的人，只是因为自己活得太过焦虑。

6月某天，是高考志愿填报截止日。中午，有个家长领着孩子来找我，问我这志愿怎么填。我惊得瞠目结舌，问他们前几天干什么去了。家长说，查出分之后，孩子考得不错，去亲戚家玩了两天。

我既哭笑不得，又暗暗佩服。我说你就不怕仅剩下的半天停电断网报不成志愿吗。家长说，没事没事，运气不会这么坏。

——瞧，就是这么潇洒。

从事理上讲，每一件事，都该精心筹划未雨绸缪，但从情感上，又多希望不活到如此焦头烂额惶惶不可终日。

焦虑与不焦虑的人的区别就在这里，你千头万绪还在这里嘈嘈切切错杂弹呢，人家早已简衣轻裳轻舟已过万重山了。

你说，你过的是什么日子？

无知者无畏，虽不可取，但有知者有畏，其实更害人——这个世界，被事情整垮的不多，被自己吓死的不少。

人的焦虑有两种：担心要有事发生，担心的事要发生。如果后者是没事找事型，前者纯粹是没事找抽型。是的，你总是怕天塌下来，谁也救不了你。

人有一点忧虑是对的，证明你的生命中天然有一分责任感。但该去想的不该去想的一股脑儿去想，就不对了。该来的让它来，因为你挡不住；不该来的不必去预约，因为预支痛苦，只会让生命变得沉重。

对自己好一点，就是心中的事少一点。然后少焦虑一点，人间诸事，且随它去。

不要说已经看清了谁，因为，有时候我们连自己都没有认识完整。

这么说的科学性在于，它承认人的复杂性。恰恰是人的复杂性，让所有的科学性变得苍白。

一个人真实的自我，只会呈现在他人的视线和记忆里，真实并不意味着完整。当然了，零碎的真实拼凑起来，也许会导致另一种偏颇，而情绪化的偏颇，就是认知的偏激。

因此，于愤怒或厌恶中评价一个人是不合适的。这个世界，不能超越利益、纠葛和欲望的判断，大都不靠谱。

生命有时候也会把过于浓烈的一面拿出来，然后激情消退，再回归平淡。比如爱情。爱情中的人绝对是另外一个人，

于这个世界来说，
善良不可或缺。

正是它的大面积存续，

才让人间温暖且生生不息。

真挚，温暖，无穷无尽的热烈，敢死敢生。爱情过后，你发现他变了，变得让你不敢相信了。其实，是对方回到了生活的原本面目。也因此，不要把爱情中的那个人等同于婚姻中的那个人，根本等同不了。如果此前你被仙女般呵护着，此后，必须降落地面，做好过织女生活的准备。

迷恋于浓烈的人，必然伤于浓烈。

庄周梦蝶，不知何者为周，何者为蝶。西毒欧阳锋走火入魔之后，不断地问“我是谁，我是谁”。的确，“我是谁”是哲学的终极追问。无论相处多长时间的彼此，有时还看不透对方，是再正常不过的事情。

说话是一门艺术

会说话的人，不一定是说了正确的话，但一定是顺着对方心思去说的。对方感受到了妥帖，才觉得动听，才喜欢听。

皇帝都喜欢听太监的。太监就是你喜欢什么，我说什么。忠臣直言进谏，说真话，结果有不少掉了脑袋。这说明了一个问题，说话的出发点很重要。你是要说对方需要的，还是要说你想说的，效果也许天壤之别。

太直了不行，太迂回了也不行。这是一种分寸的把握，也是一种技巧的运用。

也因此，会说话成了一门艺术。

我不建议任何场合都说真话。因为，真话有时候真的会伤人。但也不可以出口就是假话。因为，谎言最后会坑了自己。

适宜于对方内心的，就是好话。

这里边有一个标准。那就是，你跟对方说话的时候，心要真诚。

人在心不诚的时候，就容易说世故的话，圆滑的话，这些话，即便滴水不漏，也经不起推敲。

好听的话语，是春风十里。难听的言辞，如霜冷长天。

有时候，你觉得都要怀疑人生了，一定是遇上了不会说话的人。而你感觉到人世美好，必然是碰到了说话和悦的人。就在同一个世界，有的人让你崩溃，有的人让你舒畅。

在某一天遇上谁，缘于自我的修行；而一辈子要跟谁在一起，差不多是一种命运。

这个世界有没有一种人，对方说什么你都喜欢听？答案是，没有。

除非，你深爱他。不是对方说得中听，是深爱，抵消了所有的不快。

也没有谁，天生是为你说好听的话而来的。

哪怕，是你的父母。

是的，没人有这个义务，也没人必须为你拿出所有的耐心。

从这个意义上讲，生活中，偶尔听到几句刺耳的话，再正常不过。没有人必须得哄你开心。当你明白了这个道理，也就没那么容易受伤了。

当然了，你不那么容易受伤了，也就逐渐看惯了此前所有看不惯的。也便觉得，那些刻薄的话，那些尖酸的人，其实，也没什么大不了的。

说一套做一套的人，所说的话，不会有人信服。

事实上，他自己也都不相信自己。

这些人当中，有人是纯粹的骗子，有人是要求别人甚过要求自己的道德家。本质上，道德家也是骗子。所不同的是，骗子会暴露，会有穷形尽相的那一天，而道德家无论事前还是事后，都始终装扮得冠冕堂皇。

道德，就是他们行走于世界的一个弥天大谎。

可怕之处也在这里，骗子也许只能骗你一次，而这些人，理直气壮地要骗你一辈子。

有些人，你用心跟他说话，他却总是摆出一副爱答不理的样子。这样的人，以后有什么话，就尽可能不要说了。

大凡你用心而不回你以用心的，这样的人，都不值得。

所以，在个体的生命体验上，要特别珍惜那些愿意倾听你说话的人。在世俗的层面上，要特别珍惜那些愿意倾听弱者的呼声的人。

这样的人，宽厚、良善，是这个世界温暖人心的力量。

柏拉图在《理想国》中，写他的老师苏格拉底有一次跟人辩论正义，说着说着，突然来了一句："正义是强者的利益。"他还说，正义者只求胜过异类，不求胜过同类，而非正义者，则想战胜一切异类和同类。

我被苏格拉底的话惊着了，准确地说，我被他的思想惊着了。

庄子和惠子有著名的"濠梁之辩"。"子非鱼，安知鱼之乐"，有着生命本体的关照。齐国的都城临淄的稷门附近，有著名的"稷下学宫"，是百家争鸣的地方，孟子、淳于髡、申不害、荀子等好多思想家聚集于此，形成"百家争鸣"的局面，传说荀子曾经担任这个学官的祭酒。

在这样的地方，即便是做一个听的人，一定也很幸福。

少说比多说有意义，更有意义的是沉默。有时候，沉默会产生价值。

无论男人成为话痨，还是女人成为话痨，都是很可怕的一件事。男人尤其可怕，一个管不住嘴的男人，差不多就是一个失败的男人了。这不是言多必失的问题，而是因为说得太多，久而久之，失去了人活在世界上最核心的东西——被尊重。

一个丧失了他人尊重的人，人生难免糟糕透顶。

少说，不等于不说。该说的时候，不表达出自己的观点和态度，这样的谦恭和忍让，是值得斟酌的。时间长了，别人摸

快乐是一种自足感。

心在最低处，人才会在幸福处。

透了你的脾性，就容易蹬鼻子上脸——欺负你。予恶人以善良，我并不认为是一种美德。

确切地说，这样的善良，看起来更像是懦弱。

我认为，人类最精彩的器官是嘴巴。

但，最伟大的器官，应该是耳朵。

在我看来，善于倾听的人，以及善于倾听的民族，必然也会走得更远。

真正的公平

我们呼唤的公平是，希望这个世界对谁都一样。

但具体到自我身上时，却希望这个世界能对自己不一样。

前一种，是人的宇宙意识，后一种，是人的自我意识。对于绝大多数人来说，抒情的时候呈现的，往往是宇宙意识，利益分配的时候激荡的，常常是自我意识。

自我意识和宇宙意识并行的人，是公平的人。宇宙意识大于自我意识的人，是无私的人。人类真正的公平，是制度的产物，是信仰的产物，是道德的产物，但归根结底，还是人心的产物。在真正的公平那里，你最终看到的是人性的高贵。

一个自私的人，始终把公平当成一种权利。他要求这个世界给予他公平，至于自己能不能做到公平，就另当别论了。就像一个穷人，当他有一天富裕的时候，他未必希望别的穷人也富裕起来。

我对公平的理解是，当你要求公平的时候，你要明白，你跟其他生命没有区别，以期克制自己不去得到额外的东西。当你得到公平以后，你仍要明白，你跟其他生命没有区别，以让别人也得到跟你一样的权利。

这才是该有的公平。

你一本正经地跟一个人说话，他东瞅瞅西看看，满脸的心不在焉，这时候，无论多想说的话，都不必说了。

对方不认真的核心，是根本没把你放在心上。

这个人若是普通人，你和他少说或者不说就是了。这个人若是朋友，错误就在你这里了。因为，你根本就不应该与这样的人做朋友。

最好的朋友必然是：你认真地说，他专注地听；你一腔肺腑，他一片挚诚；你快乐，他高兴；你痛苦，他悲悯。

本质上，他就是另一个你。

换个说法就是，你渴望得到这个人予你对等的懂得和尊重。从这个意义上讲，人的命运之一种，有时候，不是赢得多大的天下，而是遇上珍贵的人。

遇一相熟之人，朝你的方向打招呼，你准备迎上去，结果，那个人直直走向的不是你，而是你身边不远的领导。

那一刻，你尴尬而悲怆，不是因为他没跟你打招呼，而是对方把你跟当官的分得那么清楚。

你很快地原谅了这个人，而不去怪罪他，是因为：一方面，你太明白这个世道，权力就是价值，有用即是王道；另一方面，你很清楚，你若是对方，或许你也会这样。

当然了，你若腻歪这个人，也可以理解。表面上，你是看不惯趋炎附势，本质上，是你不能接受自己。一方面，你讨厌自己无能，另一方面，是恨自己对这个趋炎附势的世界无能为力。

更多的时候，你的感受是交织的，你有时会理解他，有时会腻歪他。有时候，那个人就是你。有时候，你又分明在品格上高于那个人。我觉得，人的高贵之处，不在于在他人的优点那里看到了自己的优点，而在于在别人的缺点那里，发现了自己的不足。

是的，人承认自己有问题太不容易了。也因此，日可三省吾身的是圣，而时时可观窥到自我不足的，差不多就可为神了。

回过头来看，那个趋炎附势的人是真实的，对这样的人怀有态度的自己也是真实的。面对自我的真实和世界的真实，谁对谁错就没必要苛求了。每个人，努力地做好自己，就是让这个世界走向美好，走向完满。

有真性情才有真趣味

人一生中，要完成两件事：一是发现自己，一是找回自己。

简单地说，前者要完成的是“你不是你”，后者要完成的是“你是你”。

前者是一种创造，后者是一种回归。前者要发现不一样的你，后者要找回原来的你。前者挖掘的是你的社会意义，后者完成的是自我的独特性。

而两者结合，最终完成的，是这个世界上独一无二的你：卓然于他人之上是你的价值，个性迥异于周围是你的魅力。

从人性到神性是一种高级，从兽性回到人性也是一种高级。

前者是攀登到了崇高，后者是回归于温情，二者都是伟大的，尽管伟大的意义不一样。

神性是超越自我的大慈悲。一个人从人性跨越到神性，抛弃小我是必然的步骤。神性的视野是他人境界，是宇宙意识。神性是度人的，度己是通过度人完成的。

人的兽性不同于动物的兽性。两者最大的区别，是心智的参与方式——人比动物要诡诈得多。从动物进化到人需要千万年，从人回到动物只需要一瞬间。从这个意义上讲，人类进化的征途依然遥远而漫长。

没有人性到神性的飞跃，看不到人性的未来，这样的世界是不圆满的。同样，没有兽性到人性的来回动荡，看不到人性的真实，这样的人心也是不完整的。

无论神性还是兽性，都是对灵魂的沐洗。不过，前者和天使相伴，最终看到的是星辰大海；后者与恶魔共舞，还要在风口和旋涡苦苦挣扎。

平淡和平庸还是有区别的。

平淡是将有价值的生活低调过，平庸是将无价值的生活过得如死水微澜。平淡的生活所呈现的，是博大和安静，而平庸的生活所呈现的，是襟小和计较。二者在格调上，有着共同的沉静：平淡是不想去炫耀什么，平庸是没什么可炫耀的。

一个对社会有贡献的科学家，一辈子不求名不图利，就是典型的平淡。当然了，这样的平淡，也反过来成全着自我的伟大。它的价值是双重的，既有社会价值又有人格价值。不同的是，社会价值会时过境迁而烟消云散，而人格价值却会长久地流转。也就是说，个人才能的影响或将湮没，人格魅力成了征服时光的最终力量。

四海之大，佼佼者能有几人欤？毕竟，更多的人活得很平庸。更遑论，活得伟大需要机缘。如果马云在年轻的时候被肯德基录取，或许现在不过是一个在肯德基工作得很好的员工，而绝不会有后来创立阿里巴巴商业帝国的这个马云了。但不能说，现在的马云值得尊敬和仰望，而前一个马云就不值得了。萨特说，存在即是合理。平庸也是一种有尊严的存在，就像平淡很珍贵一样。你可以不喜欢它，但不可以看不起它。

否则，就是与芸芸众生为敌。

你我皆凡人，终将湮没于草野尘埃之中。即使不能相互尊崇和仰望，也要彼此珍惜和尊重。

当然了，在活到最牛的时候，若是还能行事平淡，这样的韬养和收敛，会让自己显得境界高阔。即便活到一无所成，也要努力拼争和奋斗，尽可能不让自己平庸得一无是处，以显示平凡人也有志向和梦想。

这么看来，平庸和平淡又没有多少区别了。

有真性情才有真趣味。

一个人让人觉得没意思是从无趣开始的，而让人觉得心里

妥当的感受就是，

你所做的一切，

都是你努力的样子，

而不是挣扎的样子。

没底是从无真开始的。

与一个无趣的人在一起，你不过觉得无聊；与一个无真的人在一起，你会感到害怕。前者你还有靠近的诉求，后者你只想赶紧逃离。试想，一个人总是口是心非，人前一套背后一套，虚伪做作，跟这样的人在一起，你担心的，不是对他没了信心，而是对这个世界没了信心。

当然了，比自身无真更可怕的是，还要假装天真。你都觉得受不不了了，他还要在你面前卖萌。无真的人，骨子里都会有一些无耻。或者说，他们原本就恬不知耻。

跟真性情的人在一起，你的最大感受就是无比踏实。因为他不挖坑，所以你也就不用设防。这是一种无边的轻松感。你跟他交朋友，当他是知己，也不过是觉得，没有比把这一辈子交给这个人更合适的事情了。

后来，你觉得这个人还很有趣，不过是对这一份真实的悦纳。也便觉得，这个人看哪儿哪儿都好。即便那些不好的地方，你也悄悄为他加了分。人有时候就是这么主观，一旦认定了谁，就会将他的全盘认领。

一心无累，便是良辰

喜欢清正的人，如果这个人还善良，就愈发地愿意亲近。

这样的人，做朋友最好不过。

善而不正者可远之。因为，不正就容易不清。跟这样的人在一起，你心里觉得疙疙瘩瘩不说，他还极有可能负你。最大的问题是，你需要他说话的时候，他一言不发；你需要他站出来的时候，他给你玩消失。

这是懦弱和狡猾的结合体。而狡猾的本质，还是懦弱。善良的人，不会为恶，但懦弱的善良，会在恶面前缄口和沉默。这其实就是另一种意义上的恶。

所以，善良的人有正气很重要。充满着正气的善良，才会有正义感，才能在关键的时候为你挺身而出。

挺身而出是什么意思呢？其实，也不是做多么惊天动地的事情，有时候，敢于呈现真相，就足够了。

溽热难耐，有清风便是爽快。病态恹恹，能吃能睡就是畅美。处喧嚣世界，一心无累，便是良辰。

除去攀比和贪婪，人真正所需要的，其实很少。

而让自己痛苦和疲惫的，都是这些需要之外的东西。因着虚荣，我不能比别人差，因着嫉妒，又不想别人比自己好。于是，殚精竭虑也好，处心积虑也罢，总之一天到晚心闲不下来。

要把心安放在一个妥当的位置。妥当的感受就是，你所做的一切，都是你努力的样子，而不是挣扎的样子。换一个说法就是，你是听从美好生活的召唤，而不是听命于多余欲望的指使。

不为他人而活，只为自己而活。你所要完成的是个人的理想主义，是属于你的精神超越。

如此，在灵魂世界里，人才能活出贵族的模样。

有一人，幼时失怙，寡母因贫受辱，于是，他长大后发愤挣钱，只为富报穷仇。这样的做法固然可敬，思路却不免浅陋。因为，无论自己最后多富有，都会是一个穷人。

或者说，跟贫穷有仇的人，内心富有不起来。

更何况，富有也是相对的。你有钱，比你有钱的人多了去了。这样的话，你仍然是个穷人，仍然还会遭受他人的无视和轻蔑。有的人一辈子不受欺侮，只会是两种可能的叠加，一是人格力量特别伟大，一是命运足够好。除此之外，你问王侯将相，不受辱者能有几人？

你可以让自己富有起来，这样的好处是，人生可以有更多的选择。但这并不意味着，你的人生就可以任意选择。富有，不可能消灭一切，但人格的力量却可以解决好多问题。古往今来，那些富有而行善的人，往往可以得到不一般的福报，就缘于此。

一个人在不同的人眼里，会有不同的评价。

这样的评价，往往会影响你对这个人的判断。先入为主的危险之处在于，如果别人评价是坏的，你也便看哪儿哪儿不顺眼了。

即便是众口一词地夸赞或贬损，也未必是客观的。人类的冤假错案，有时候就来自众口铄金。你一言，他一语，这个人最后就被定性了。这样做，科学不科学放在一边，起码是不人性不道德的。

每个人都是很自我的。说到底，人都是感性的动物，一个人的好恶、情绪甚至是利益关系，直接影响他的见地和认知。站在自己的立场上去揣测别人，跟站在这个人的立场上去审视这个人，绝对是两个截然不同的观感。这是理性与感性、主观与客观的碰撞，也是个人格局和真实世界的交汇。

你看到的是一个什么样的世界，这个世界就站立着一个什么样的你。你涂抹给这个世界的色彩，也反过来会涂抹在自己的身上。

所以，不要道听途说，也不要听信一面之词。这个人怎么样，最好你自己去交往感知。一个人的本来面目，只有呈现在足够长的时间、足够多的角度里，得到的结果才真实客观。

光阴就是一根金箍棒，即便是藏得再深的妖精，这时候，也该现形了。

总有点不一样才行

做闲人，不去管闲事，就会活得痛快。

有闲心，不去置闲气，就会活得自在。

真有闲事来了，迎上去不如躲着走。有时候，置身于事外，比置身于山野之中还要清爽。

藏愚守拙的最大特点，就是不事多了。一个人太逞能，也许会有所得，但失去的将更多。

你可能比别人聪明，但未必比别人高明。聪明是你自己的事，高明则需要别人体认。人性的逻辑是，你比我聪明，我不理你，你比我高明，我便不服气。在情感上，前者产生的不过是嫉妒，而后者产生的可能是憎恨。

所以，要学会韬养，学会藏锋。人活到糊涂，才显示比别人高明；活到愚蠢，才显示比别人精明。因为，前者会让你多

不管人世如何流转，只要那颗爱过的心，

不蒙尘不变质，尘世就不会老。

了敌人，后者会让你没了朋友。

当然了，最混账的做法是，拿精明来炫耀自己的高明。这差不多等于，一个人拿脸皮的上限，来挑战他人忍耐的底线。

不管闲事，不是不做事，而是没事不找事。

人闲桂花落，讲究的是天人合一的境界。这种意境，是排空自己，心中无一物，是物我两忘，互不相扰。

有闲时能有所坚守，无聊时才不会无趣。

这需要努力做好自己。所谓做好自己，其实就是活得简单。在内，不用按别人喜欢的方式而活，也不必依附于谁而活。对外，少争名夺利，少争强斗狠。这样，内归于理性，外趋于柔和，内外精神一统，便活出了独特的自我。

一个生命，自我萎落，就会闯进来太多的别人。与别人纠缠太多，就会闲事太多，就会闲话太多，就会自顾不暇，就会自寻烦恼，就会自取其辱。

你与这个世界的交集越大，就会越千头万绪，也就越容易千疮百孔。是的，你若消化不了它，就免不了受其折磨。

从这个层面上讲，一个人，要么肚量大，什么事也不往心里去；要么能力强，各色人等，尽可左右逢源，迎来送往。

当然了，若能二者兼具，简直完美至极。

陪无聊人说话，不如陪小狗散步。

与名利人交往，不如与一朵云厮守。

你总得有所接近，也得有所回避。你总得有所喜欢，也得有所厌恶。色彩艳丽地活在这个世界上，就会少妥协，多决绝，就会少懦弱，多刚烈，就会少蝇营狗苟，多正大光明。

爱和稀泥，必然是精神世界不澄澈，还有些畏首畏尾。难与过往交割清楚，必然是心底藕断丝连，还有些瞻前顾后。

抱怨世界的正与邪，不如问问内心的善与恶。看不惯别人的时候，不如认真地回望自己。俗世污浊，不如掬清泉洗心。

偌大世界，你不是英雄，左右不了几个人；你也不是圣人，影响不了多少灵魂。不能高蹈出世，那就和光同尘。大道不同，那就特立独行，乘桴浮于海。

活出自己，总要有点不一样才行。

当然了，活出自己，也终会跟别人不一样。

没有什么必须是你的

这个世间，有没有“该”呢？

譬如，该得的荣誉，该得的名利，该得的权位，以及该拥有的人？

你得到了，就是该得，没得到，就是不该得。得到了，重又失去，也是不该得。几经辗转，再回到你手中，还叫该得。

生活的真相，可能比这个还要复杂。那些经历了命运大起落大浮沉的人，更清楚内里的跌宕曲折。也许，活到最后，每个人都会有发言权。但有一点是共同的：这个世界，真的没有多少是该与不该的。

财富流转，江山易主，美人别抱，哪有什么必须是谁的。这么说的意思，不是乖乖地听天由命，而是要抛却我执，一切随缘随遇。

是的，如果有一种东西拼了命也留不下，谨记，这个东西你可以不要，但命，必须得要。

“该”的核心，是排他的，是独占的。在自我心理暗示上，上天须保证结果的必然性。但生活不会时时以天意呈现，它会以它的偶然，彰显自身的扑朔迷离和不可捉摸。这种灵动性，也是它的残酷性。它不会预设世间万物的归属，就像一列火车，突然停在什么地方，车上的所有就是谁的。

当然了，真实的生活还有多种可能：这列火车会晚点到达；会停错了站台；更有甚者，你苦苦期盼，却根本就没有发往这个方向的火车。

所以，没有什么是理所当然的。生活遵循天道，而天道时时无常。不要把这种无常看作是不公平。其实，上天是公平的。因为，在别人那里，也曾有该得的未得到，只是你仅看到了自己的不幸，没看到别人的不幸罢了。

对于生活中的种种别扭，顺应也许是最好的办法。得之我幸，不得我命，就随它去吧。世间物又回归到了世间，是命数还是劫数，任它自己流转。

身在其中，就笑着看它来去；身在其外，就坐在路边静静欣赏。

还是那句话，这个世界，没有什么必须是你的。如果看不透这一点，你的脸上就难免会带着谁都欠你二百块钱的面相。

这种面相挂久了，必然映射到气质里，从而让你在他人心中的印象崩塌。

这是一种极坏的心态。它的危害性有二：一是身边的人会逐渐远你而去，毕竟，谁也不愿跟一天到晚悲悲戚戚的人在一起；其二，也是最重要的，你总是快乐不起来，就会危及健康。当你健康的时候，觉得什么都很重要，什么都舍不下，当你不健康了，才觉得所有都不重要了。

可是，已经晚了。

何必呢！哪怕该是自己的，也要敢于放手给了他人。敢舍，是一种活到轻松的风度，更是一种活到开阔的能力。古往今来，那些大人物，都是敢舍的人。恰恰俗世中人，才个个鸡毛蒜皮，锱铢必较。

有时候，我们仰望他人取得的成就，或者羡慕别人过得幸福，总觉得别人比我们要好。究其原因，只是他们的断舍离做得要比我们好，比我们彻底。

什么也舍不了的人，最终什么也得不到。

所以，人与人最大的区别恐怕就是，你做不到的，人家做到了。由此，也便拉开了每个人的人生高度和生活质量。

能悟到，还要能做到。正如王阳明所提倡的，要知行合一。苏轼被贬黄州，写下著名的《赤壁赋》，里边就有句自警，他说“且夫天地之间，物各有主，苟非吾之所有，虽一毫而莫取”。他还说，这个世界，唯一你能始终拥有的，就是“江上之清风”与“山间之明月”，因为它不属于谁，进而才真正属于你。

也就是像苏轼这样人生跌落到底的人，才有如此至真至深的感悟吧。

每个人都活得很自我

人往往都会活得很自我。

这也很正常，说明人的眼光首先是向内的，然后，本质上是自私的。

人有自我，才成为独特的生命个体。

内心的一切，投射到脾气、性格、格局和情怀上，让你区别于他人，成为独一无二的自己。

也可以这样理解，自我就是你说下的话，做过的事，是你呈现给这个世界的——灵魂的样子。

自己愿意做的事，可以有一千个理由，不愿做的事，也可以有一千个理由。

有时候，觉得别人执拗不可劝，其实事到临头自己也一样。

这么想来，我们完全可以退一步，以宽容自己的方式去理解别人，便觉得自己也没有那么完美，别人也没有那么可憎。

自轻自贱和自骄自矜，是自我的两个方向。两者都很在意自己，前者因太在意而走向了妄自菲薄，后者也是因太在意而走向了妄自尊大。

问题都出在看不透上。前者看不透而不放过自己，后者看不透而高抬了自己。

结局是，这两种人都活得很失败。前者总有不如人的挫败感，后者常生虚妄的优越感。

己所不欲，偏施于人，属于极端自我。如果自我只是有一点狭隘的话，极端自我则是完全不讲道理。

以此回看，讲道理的自我是多么可爱，一来看得见理性，二来照得见良知，是温情之上的一点任性，是任性之上的一点偏执。

从目中无人到目空一切，从“我是世界的中心”到“我就是世界”，任性变本加厉，偏执开始癫狂。极端自我的本质，就是极端自私。

骗子是极端自我的，暴徒也是，战争狂魔也是。任何极端

自我，其本质都有一点反人类。

奸商都挂着诚信的匾额，小人总在大谈君子之道。这个世界，有太多的人“挂羊头卖狗肉”，所以，王阳明强调“知行合一”。王阳明是圣贤，他深知，能“知”而不能“行”的人太多了。

自我的虚伪，以及虚伪的自我，真实世界充满着扑朔迷离。因此，对于这个世界，我们有理由去怀疑和质疑，也应该允许被他人怀疑和质疑。

如果人人都有这样一份情怀，又兼具这般坦荡，就会慢慢远离狭隘和自私。动机纯净摆脱了功利性，胸怀寥廓又拓宽了心性，人只有站在了高处，才敢于去否定自己，也只有在否定中，才能走向自我的真实。

有道是，性格决定命运。偏颇的自我，也容易生成命运。

一个人越活越自我，就会越活越自私，今天少一个朋友，明天少一个朋友，愿意接近的人越来越少，结果世间人来人往，自己却越来越孤单。

孤单的日子必然乏味。这是人性为人生买下的单。也可以说，这是对内在丑陋的一种报应。

还有一种情况，就是活得太没自我。一辈子随波逐流，只是跟在人家后面，别人的方向就是自己的方向，别人怎么走自己就怎么走，人云亦云，亦步亦趋。

曾经活过，却从未思考过。这样的人生无论多么长，都很短。

因为，重复不是创造。

你活过，也仅仅只是——你曾经来过。

生命价值和灵魂价值

天底下，有的人天然让人愿意接近，有的人唯恐避之不及。

在这两种人那里，你会拥有两个不同的世界。冰与火，美与丑，实诚与奸猾，高尚与卑劣，人有时候活得很分裂，是因为承受不了两个世界的落差。从天堂到地狱，不用拈一念，只需换一人。

什么是天堂呢？你遇上了好人，或者遇上了始终如一对你好的人，你就是在天堂里。当然了，这要求一个人有感知力，还要有很好的悟性。有的人，只有在那些好人或对他好的人没了之后，才发现，他原本活在天堂里。而此前，他却一直站在天堂寻找天堂。

生活的遗憾还在于，你不仅会忽略掉对你好的人，还会无限夸大你讨厌的人。在快乐的天平上，好人十个八个都无足轻重，讨厌的人一个足矣。从这个意义上讲，快乐和幸福，实际上是一种平衡能力，也是一种过滤的能力。

更多的人，平衡和过滤的能力都不够好。于是，烦恼遍地，光鲜的日子总是短，灰头土脸的日子足够长。

无论是喜欢的人，还是讨厌的人，最终都会在生命中烟消云散。问题是，当我们明白这一切的时候，已在不值得的人那里，丢掉了很多快乐。

每个人都渴望去证明自己。

人这一辈子，不过是想证明自己能行。然后，以此呈现价值。内在呈现给自己，外在呈献给他人，进而在前者那里，获得信心，在后者那里，获得尊严。

有价值的人生，其实就是自我的实现和成全，进而，于生命有意思，于灵魂有意味。

如果人一生能这样自我实现几回，心底的豪情就会升腾为英雄主义，活得热气腾腾。当然了，一辈子始终没有成全过自己一次，活得窝囊不说，还将无人诉说。

这种悲怆必然是痛苦的。是的，前行的路上，遇到一百个、一千个敌人不可怕，可怕的是，始终与一个无能的自己如影随形。

无人喝彩倒也罢了，到最后，还要混到无人理睬。

有时候，你壮志凌云，命运不成全你，也只好无可奈何。

你连孤独的资格都没有。人世的眼睛都是世俗的，他们只关注成功，根本不关心谁在孤绝地突围。你失败了，失去的不是某种资格，而是所有的资格。

而资格，才是你在这个世界，对自我人格的认领。

人心都是会变的。

与己无关的人，变来变去的，你笑笑也就罢了。有一天，当你觉得恐惧，只是因为你最在意的那个人变了。

那一刻，他颠覆了个人。而你，被他颠覆了世界。也就是说，看起来，我们是活在60亿人中，其实，只是活在最在意的几个人当中。

有时候，我们快乐，是因为这几人好，而且对我们也好。有时候，我们绝望，就是因为某个曾经无比熟悉的人，开始一点一点变得陌生，直至形同陌路。

多么希望这些人，始终如一地呈现在人生中，无论贫穷和富贵，无论命运流转，始终不离不弃，恍若初见。纳兰性德说，人生若只如初见，何事秋风悲画扇。是的，生活不会一厢情愿地为谁而来，你一片赤诚仰望的世界，未必回你以对等的炽烈。

那边空了，你在这边的心才凉了。

在这件事上，苛责别人是多余的。一者没有谁天生是必须为你而来的，二者回望自己的人生轨迹，我们也曾改变、动摇和投降过。也就是说，谁比谁也好不到哪儿去。看清别人的同时，如果也看透了自己，就会心平气和许多。

所以，学会推己及人，或推人及己，自我的世界里，就会多出原谅和宽恕。

这个世界上有两样事，可以让生命变得艰难，一是疾病，一是衰老。

那些老而痴呆的人，连辨出亲人都困难，那些疾至深处的人，想翻一个身都不易。此二者，原本是最简单的事，生命到了这一刻，已然是一种挣扎。

艰难生命的本质，不是干不成什么了，而是活得没尊严了。

人在年轻的时候，是没有生命感的，只有清浅的悲欢感。因为在他们看来，疾病和衰老，要么是别人的事，要么是遥远的事。因为看不到，所以也便敬畏得不够。

人往往在无能为力的时候，才想到珍惜。然而，想珍惜的时候，一切又都抓不住了。人生所有的后悔，都是自己的愚蠢买下的。但后悔药，又是倾尽所有聪明买不来的。

人生中几乎所有的获得，都需要付出点什么才行。但衰老，只要你往前走就是了，而疾病，胡吃海塞熬夜劳累糟蹋自己就够了。

所以，人要活得清醒。清醒，就是最大的智慧。

让别人看到你，而不是看透你

多照照镜子没有坏处。人生的好多尴尬，就是缘于少照一次镜子。譬如，整齐的白牙，藏一叶绿韭；性感的裤子，拉链没拉上；步态优雅，领口侧边耷拉着只袜子。这些尴尬一旦发生，会被人笑谈一辈子。

邋遢的生活习惯，个性上的毛病，照镜子是照不出来的。所以，身边能有一个人做你的镜子，他愿意给你指出来，你也虚心接受，有这样一个人，真是一生的福气。如果镜子只是让你少些尴尬和笑话，而以人为镜则可以让你少走弯路或错路。

热恋中认识的对方，未必是真实的。同样，有求于你的人给你的嘘寒问暖，也未必发自真心。酒桌上，有实诚的人，也有一肚子坏水的人。连喝酒都敢以生命交付，这样的人，固然可贵，却也真的可怕。

好多人的真实面目，一下子是看不出来的。所以，你看到的，未必是你看到的。多留一点时间给自己，晚一点下结论，事实证明，最靠谱的还是光阴。

好多是非，就是在你口无遮拦、满嘴跑火车时惹下的。话在出口的时候，琢磨几秒，比不假思索，于事后效果来看，肯定更合适。人在得意忘形的时候，往往是最易伤人的时候，也往往是最易得罪人的时候。所以，别信口开河，也别胡乱吹牛，有些话，你说出去忘了，但这句话产生的后果，却在生活的前方，等着你去买单。

做一件善事，有恩于一个人，不要念念不忘。做过，就让它过去。念念不忘，必有所伤。你总希望别人时时记着你，感恩于你，对方回不回报，暂且放在一边，长久盯着这件事本身，就很累人。你若渴望有回报，就把钱存入银行，若怕别人负你，就什么也不要拿出来。因为，这个世界上没有完全的对等，你会遇上滴水之恩涌泉相报的人，也总会遇到几个白眼狼。

不要在比你牛气或觉得比你牛气的人那里认真。在牛哄哄的人眼里，都是牛，不会有你。一个不把你当回事的人，你的所有当回事，都一文不值。最值钱的东西，只在懂的人那里才珍贵。你的认真也一样。人生，不要做无谓的交付，更不要做错误的交付。否则，你的认真看起来一点也不认真，还会显得十分天真。

不要把人性的恶用尽。嫉妒比你强的人，笑话不如你的人，这样的自己，差不多就是一个魔鬼。一个人偶尔在心底升腾起这些，不算什么，可怕的是，还要把阴暗玩到正大光明。见不得比自己好的人，看不上不如自己的人，前者酸，后者傲，内心阴暗，绝难有真正的幸福和快乐可言。因为，一颗扭曲的心，会让他自找好多的不痛快。

多读点书，多读书未必会让你富有，但一定会让你丰富。换一种说法，你会有别人没有的精神生活。要坚持善良，也许行善未必会换来善报，但生命在这里会寻找到不一样的宁静和安详。这是宿命，也是佛光。你可以对这个世界有态度，但这态度绝不是抱怨。合适表达你的态度，是为了让别人看到你，进而尊重你的存在。而没完没了的抱怨，别人不仅会看到你，还会看透你。因为，抱怨实在是这个世界上最无聊、最无能的事。

第三辑

活到云淡风轻

剥夺话语权是一种暴力

当谁能说话谁不能说话都要屈从于规则的时候，话语权本身就是一种暴力。

我们被这种暴力摧残，是从小时候开始的。譬如，打小，父母或老师常说的一句话就是：你闭嘴，先听我说！对与错先放在一边，你都没有说话的自由。这种粗暴，首先摧毁的是平等的权利。然后，又用居高临下，剥夺了你申辩的权利。

话语权暴力最终形成的，是一种自上而下的秩序。在丛林，在草原，平素里，你可以啁啾歌唱，可以欢叫撒欢儿，但在某些时刻，站在金字塔顶端的狮子或老虎一声呼啸，所有的动物就得噤声俯首，或者四散奔逃。

这样的话语权，难免会混淆是非、颠倒黑白。也因此，它容易导致一种极端的暗昧：不是谁对谁说，而是谁可以说谁就是对的。

被话语权压制得久了，人的心理是容易畸形的，不是极端痛恨，而是极端崇拜。具体的表现是，受制的时候越是诚惶诚恐，越会在心底里对话语权疯狂追逐。

如果抗争不了，就低三下四，就忍气吞声，直到有朝一日，自己有了话语权再去压制他人。本质上，进一步，属于扭曲的报复；退一步，属于猥琐的投降。

话语权，既是脸面上的事，也是利益上的事，但归根结底是利益上的事。这个世界，还很难见到超越利益的平等和自由。某些被他人鼓吹的西方国家，平素高姿态，宣扬和标榜着信仰和情怀，一旦触碰到利益，你看他们所说的和所做的，只能报之一笑。

呵呵，呵呵呵。

谁温情脉脉的时候，都会掩藏住锋利的牙齿。接受鲜花的时候，你不会看到他身后的大棒。所以，无论是谁，即便是好到一塌糊涂，也要防着有一天会丧心病狂。还是那句话：没有永远的朋友，只有永远的利益。

太阳会高悬在头顶，但你要明白，总有黑夜来临的时候。

在一个家庭里面，谁做主就意味着谁拥有话语权。

最好的状态是民主，彼此自由，谁都能表达自己的观点，有问题就摆在桌面上，可建议，能聆听，互相尊重，和而不同。

退一步的话，让男人有话语权不如让女人有话语权。这么安排，跟性别平衡没有关系，你可以理解为这是基于爱的倾斜。毕竟，女人是柔弱的，她们更值得被心疼。

俯首于自家的女王，是可爱的。一个大老爷们，如果一天到晚对着女人吆五喝六的，其实最没意思。

在世俗的体系中，话语权是约定俗成的。

谁有钱谁有权，谁就可以高声大气地说话，谁就可以指手画脚。在这样的场合里，说的人觉得该说，听的人觉得该听。即便一方在胡说八道，另一方也会颔首附和。说到底，在世俗的体系中，势利之徒还是居多。

缺乏崇高信仰的灵魂，必然是摇摆不定的。其实，他们并不会真的听信于某个人，或听命于某个人。他们是见风使舵的奴才，更是投机取巧的主人。看起来，他们比谁都没主意，实际上比谁都有想法。

话语权的存在，必然是反自由的。

因为不能随意说话，所以才渴望表达。因为说出来的不被重视，所以才努力刷存在感，期待被尊重被当回事。

这是对平等的破坏，于是也就无公正可言。或者，至少说，被话语权操纵的地方，即便有自由，自由也是狭隘的。

市井中，无赖的拳头是话语权。在某些地方，玩君子的那

世间遍地烦恼人，

有时诗意地纵情一把，

便是逍遥客。

一套有时是吃不开的。因为，你客气，别人未必回你以客气，你施以仁义，别人未必会报你以仁义。

你应该拿出点什么，要回你该有的。

是的，你只是要回你该有的，它不属于别人，它原本属于你！

活到云淡风轻

必须理解生活中的一种情形：特别希望人生中最浓烈的时刻到来，又十分害怕它的到来。

因为，拥有意味着失落，抵达意味着结束。也就是说，什么都来了，什么也就都没了。

这看起来是个悖论，却客观存在。这样巨大的失落感，只有真正成功过的人才会有。夏虫不可语于冰，青蛙不可语于海，就是说有些东西，不是一个世界的人，是不会懂的。

或者，人一旦到了某个高度，将注定是孤独的。这时候，他对低处所有的回望和眷恋，都会被看作是一种狂妄和矫情。

人心是有深度的，就像各自的浅薄一样。

所以，也就容易理解，为什么有的人已经十分成功了，还要那么拼。实际上，他是想把自己定格在过去，定义在远未成功的情境里。

因为，在路上才是幸福的。

当然了，饥的人和饱的人悟出来的道是不一样的。居高临下肯定是不合适的，以弱者的态度忖度强者也未必恰当。隔着距离，就意味着隔着经历。

距离标注的是世俗的荣枯，经历才诉说着人生的价值。

这个世界，能抵达顶点的人必然很少。

于是，久处山下的人，就会对山巅的一切心生恶意。

因为看不到，所以不放过。自己这里不行了，也就见不得别人行。

有的人就是这样，他未必失去了很多，但嫉妒和憎恨，让他的襟怀和格局也陷落了，人生才彻底走向末路。

也因此，这个世界长相最好看的人，是那些无论身处什么位置，始终能用平等的视觉张望他人的人。这份气质，源于巨大的善和悲悯。一个人，自己活得足够恓惶了，还要在心中盛着别人的悲苦。这样的人，一定活到了极致的平和。

这种平和，源自心底的平衡。因为敬畏得更多，才懂得了更多，才平静了更多。

谁都是有痛苦的。

尽管上天赐给每个人的容貌、财富和能力不同，但给予的痛苦是一样的。

所以，没必要去羡慕谁，也没必要去嫉恨谁。不同世界的人，人生不会有交叉，但痛苦会有交集。也就是说，不管你是富可敌国，还是不名一文，有些烦恼都是逃不掉的。

那些活得云淡风轻的人，不是没了烦恼，而是不执着于烦恼罢了。

因为经历得多，所以举重若轻。因为看明白了，才看淡了。他们不会轻易执着于一人、执着于一事。但凡所执，其实跟这些人和事已经没有了一点关系，只是揪着自己不放罢了。

也有些人，活得越来越沉重。他们的欲望很大，想占有更多。贪婪的人，眼盯着未来，却没有未来。

活得卑微的人更容易快乐。或者，把自己的身段放得很低的人更容易快乐。说到底，快乐是一种自足感。心在最低处，人才会在幸福处。

交往的意义

生活中，必然会有一些迎来送往的事情，需要你入戏或演戏。怎么去理解呢？人在交往中，会不自觉地让自己成为一个演员，遇倾心的就入戏，逢周旋的就演戏，仅此而已。

于人生来说，太入戏不好，容易负重和受伤；太演戏也不好，容易浅薄和圆滑。合适的态度，是在用心者那里，你做一个更用心的人，一心报一心；在戴着各种面具的“演员”那里，你也要做一个出色的演员，以逢场作戏对逢场作戏。

人在年轻的时候，会排斥这些，以为人生大可不必如此苟且。年老的时候回看，苟且也必然是生活的一部分。因为这个世界不可能为你一个人而纯粹，它是复杂的，你就简单不起来。

当然了，你可以特立独行，但这样的结果，你会在这个世俗的世界显得格格不入。格格不入是什么意思呢？就是你会为此而混得灰头土脸，四处碰壁。

也就是说，你敢任性，它就敢绝情。世俗世界不会以柔情似水，为你的特立独行买单。

与他人往来，是人的社会性的一部分。人的社会性，决定你必然要活在人群中，必然要跟别人相往来，你不可能独自活成一个星球。

人还是猿猴的时候，就是群居的。从猿到人，社会性让彼此的交往上升到一个新的层次，人与人的交往变得文明，有了超越动物性的美感。

一只离群独居的动物，是不会独自活很久的。一个缺少他人帮助的人，也会丧失前行的拐杖和眼睛。

人终究是要处世的，积极入世比消极避世更有意义。在爱和温暖那里，你可以看到他人于你的意义，在被需求和被重视那里，可以看到自己于他人的价值。

每个人都是彼此的价值和意义，这个尘世就有了温度。从某种意义上讲，与人交往，与这个世界交流，会让自己看到更广阔的天地，进而获得更多前行的路。

当然了，交往中，难免会遇到所谓的烂人烂事，这再正常不过。一个人，厌绝这样的往来，只是因为不愿跟讨厌的人和事在一起。生活中，我们对讨厌的人和事，往往缺乏足够的耐

一个人的成熟，

就是最终要明白：

你必须学会为所有的选择负责。

心和理性。也许，它们本质上并不坏，只是因为我们不喜欢，就为它们涂抹上了自我的色彩。

而我们为此烦恼，缘于自我过滤能力差。有些烦心的事，不是这些事本身大，而是在心里待得太久。因为挥之不去，才咬牙切齿。还有一种情况就是，我们遇到的烂人还不够多，猝然临之而手足无措。事实上是，当你阅过无数烂人之后，你还会在乎其中一个吗？你还会在乎多一个吗？

在这个意义上讲，人活的就是一个阅历。千帆过尽，看过风雨浮沉，你依然扁舟摇橹，细火烹茶，烦恼已成菩提。回首往事，那些遇过的人，那些遭逢的事，你能呵呵一笑，苦乐皆为烟云。

有两种极端是不能走的：一是封闭自锁，疏于与他人往来，从而高冷孤绝；一是八面玲珑，跟谁都见风使舵滴水不漏，最终世故圆滑。

前者容易没有朋友，后者也容易没有朋友。区别是，前者因为距离，后者因为人性。也基于此，前者可能还会有朋友，后者可能会永远没有朋友。

与让人摸不准相比，被人看透了，更容易是交往的悲剧。

好的交往，会带来一生的运势。你是一个好人，又遇到了好人，你拿出人性之美，对方回你以人性之美，美美与共，这样的人生不会坏到哪儿去。

与你为善的人甚多，同你交恶的人甚少，差不多就是成功的人生了。当你到处是朋友，敌人就会退却，生活删除多余的，为你展现的，是一个喜欢的世界。这时候，你会发现，交往于一个人来说，是多么重要和有意义。

有信仰和没信仰是不一样的

有信仰和没信仰是不一样的。

就像一片树叶落下来，有这片树叶的世界，和没这片树叶的世界不一样。

需要的人看到了空灵，不需要的人看到了飘零。

史铁生说，死是一个必然要降临的节日。孔子说，未知生，焉知死。

在对待死的问题上，有信仰的人不是不怕死，而是能视死如生。没信仰的人，因为灵魂没有光亮，觉得死就是要到黑暗的地方去，因而非常惧怕死。

在对待生的问题上，有信仰的人，对所有的生命都会充满敬畏。在他们的眼里，不分强弱、尊卑、肤色和性别，生命一律是平等的，哪怕是一只蝼蚁。没信仰的人，唯我独尊，其实就是以自我为中心，我就是这个世界。我好了，世界就好了，我不好，全世界也别想好。

所以，信仰是一个支点。打倒一个有信仰的人，只要把他的支点打了，他就活不下来了，因为，即便活着也生不如死。打倒一个没有信仰的人，我认为是最难的。滚刀肉，打哪儿也不疼，只要苟且，就能偷生，指望这样的人捐躯赴国难是不可能的，他连家难都未必肯赴，遑论国难了。

这个世界，信仰有很多，可以是宗教，可以是思想，可以是哲学。

伟大信仰的特征是，向外赋予人以公平、正义、崇高，充满着仁爱的力量；向内又予自我以光亮，不使心底惶惑迷乱。通俗地说，外在是他人的灯塔，内在是自己的灯塔，合起来，是尘世的灯塔。

信奉钱权，不能算是有信仰。钱权是属于欲望的部分，信仰是属于灵魂的部分，这是生命的两个方向。信仰并不排斥欲望，但它希望欲望必须是适度的。若一个人对钱权怀着极度的贪婪，然后又信誓旦旦宣称自己有着高尚的信仰，是不会有人相信的。

从这个意义上讲，信仰验证着一个人灵魂的纯度。而这种纯度，包含着极大的克制和极度的内敛，这其中的分寸，就是信仰对钱权的合适态度。

对于人世间的种种痛苦，人没得选；不是人有了信仰，就有的选择。痛苦会给予每一个人，无论你是达官贵族，还是荒野村夫，谁也不可选，谁也没得逃避。

但有信仰的人，往往容易放下痛苦，感受平淡生活的快乐。这种能力本身，就是对自我的一种慈悲。迷途知返，深执知醒悟，贪婪知收手，人在痛苦里，必然是在自我的深渊里，“知”就是不再坚持了，就是不再跟自己过不去了，就是要放过自己了。

信仰教人更多的不是追索，而是放下。从这一点来看，信仰一点也不高明，但是恰恰，这是信仰的高明之处。

它只痴情于精神，而不服务于欲望。它追求纯粹和丰富，而拒绝迷失于贪婪和癫狂。

信仰是为解决人生问题而来的。它呵护你的悲伤，呼唤和找回你的尊严和价值，从这个意义上讲，信仰是一种慈悲，而且是人世间最大的慈悲。

有信仰的人和没有信仰的人，还有一种区别是，有信仰的人天生孤独，没有信仰的人天然喧闹。

信的人和不信的人中间，都会有能人和凡夫。不同的是，信的人信到最后都甘心做凡夫，而不信的人始终都想成为能人。因为，前者获得智慧越多，越容易看到自我的渺小。后者为欲望所困，越落在后面，就越想挤到前面，站在高处，成为人上之人。

伟大的信仰不是浩渺的宇宙，但它会引领人走向浩渺。一个心底有乾坤的人，首先看到的是自我的渺小，然后随之而来的，才是伴随终生的理性和秩序。

信仰的伟大之处，是会为信徒打开另一个世界。进而，让他看到这个世界之外，以前难以看到的，美好而舒适的那一部分。

如果，再打一个比方的话，无信仰的人一直活在明晃晃的白天，而有信仰的人，他们除了白天，还有黑夜，还有月色，而正是这些，让所有的躁动，安静了下来。

有些路必须一个人走

为别人拿主意，是件危险的事。因为，弄好了，你可能一无所得，弄不好，你可能还会一无是处。

当然了，你愿意出手相助，是基于一腔热情，问题是，打败这腔热情的，往往是现实的冰冷——未必认可的岁月，以及未必领情的人心。

孟子和惠子有著名的濠梁之辩。“子非鱼，安知鱼之乐”，是整个论辩强调的核心。是的，无论你如何设身处地，你终究不是当事人。也就是说，你可以在心情上与对方合体，却不可能在灵魂上深切并行。

局外人的好处是，在当事人的任性之上，你可能会很理性。局外人的坏处是，在当事人挣扎较劲的地方，你可能会想象得很轻松。

清简的生活，
就是在熙熙攘攘的人群里，
你能布袍素履，
你能一尘不动，
一念不起。

这个世界，有人要辞去公职追求自由，有人想旅游冒险活出自我，有人九死一生要去爱一个人，有人声嘶力竭欲走出婚姻困境。大凡这些重大事情，原本就没有应该不应该之分。想去做，就是全部的应该。当事人瞻前顾后，只是还没有为自己负责的决心。这时候，你去推人家一把，或者去扯人家的后腿，就意味着要为那一部分决心担责。

因为，当事人是用结局来说话的，而你是以初衷来成全人的。无论你的初衷有多好，在坏的结局那里，也变得经不起推敲。

哪怕你成功过，也不要拿你的经验去劝别人，因为别人未必能成功。

即便你失败过，也不要拿失败的教训去阻拦谁，因为人家未必会失败。

一切都是发展变化的，刚才还潜龙勿用，过一会儿就可能飞龙在天，势的冲和与激荡，运的反转与颠覆，根本说不准。毕竟，谁也没有时光眼，能看穿前尘后事。最应该做的，不过是顺势而为。好的时候可抟扶摇而上九万里，灰溜溜的时候也能就坡下驴，在小树底下韬光养晦，坐着乘凉。所谓能屈能伸能荣能辱，即是大丈夫也。

万物生长，必然有一定的命数。由着性子来肯定是不行的，听着别人摆布最终也活不出自己。一帆风顺的人生是没有的，一个人在犯过的错误中，才能真正成长。

有些路，必须一个人走。

有的人生，一辈子都是别人给设计好的。这样的人生可能花团锦簇，可能轻松易行，但这样的一辈子必然是有所欠缺的。

而真正欠缺什么，以及其中的苦与痛，只有当事人自己知道。别人所看到的，只是光环和荣耀。

于是，特别欣赏悬崖上一脚把自己的孩子蹬出去的老鹰。很多的动物，在孩子离开自己的那一刻起，就放手叫它们自己闯荡。至于走哪一条路，往什么方向去，根本不去管，从此再不顾及。

相较于人，这是动物的高级。

一个人的成熟，就是最终要明白：你必须学会为所有的选择负责。

一念不起，方一尘不染

人对自我的付出，总会怀有一分期待。期待被看到，期待被肯定，期待感恩和报答，而不是遇上白眼狼。

一句话，希望得到对方的呼应。就像喊出一嗓子，想听到大山的回声，就像为陌生人指路，希望听到句“谢谢”。

因为，人在心理预期上，还是喜欢投桃报李的。尽管并不苛求对等的呼应，但至少不愿看到过河拆桥，或人走茶凉。

本质上，寻找呼应感就是在寻找尊重感。人行走于这个世界，尊严彰显人格价值。被他人尊重，就是对自我人格的妥帖认领。一个人，可以不声不响地活在这个世间，但不能在别人眼里活到无足轻重。

也就是说，我可以选择沉默，但你不能选择无视。沉默是我活着的态度，我不说话，并不意味着你可以随便说话。

那些呼应得很好的人，都是懂得滴水之恩涌泉相报的人。

你予我一怀赤诚，我回你满腔深情。这是两颗有情有义的灵魂的缱绻和缠绵，这是爱与善良的对等仰望。人世间，最长久、最牢固的友谊，就是这么来的。

这种美还在于，不是谁从谁那里得到了什么，而是在时光的长廊上，就这样静静地相守下去，便觉得得到了人生的全部。

得允许这个世界有忘恩负义的人。

允许，是一种风范，也是一种态度。这种态度，不是忍气吞声，无可奈何，而是高屋建瓴，睥睨一切：我自堂堂正正做好人，看你能坏到哪里去。

你过河拆桥，我就见招拆招。你不要脸，我且沉着脸。你演戏，我便看戏。总之是不怒不嗔，总之是能忍能让。最终要的效果是，你千般幻变，我处变不惊。

忘恩负义的人，一般都势利。人势利的时候，会奉行有用原则。用得着的时候，春风满面，用不着的时候，冷若冰霜。用得着的时候迂回而美，用不着的时候直接而粗暴。前一刻，觉得被尊重，后一刻，才发现被利用。

为这样的人生气就不值得了。对方已经踢了你一脚，就没必要自己再给自己一巴掌了。就让伤害止于认清对方的那一刻，或者就在那一刻，把伤害也放下吧。从此各奔东西，江湖天涯，再无瓜葛。

不必为负心的人而伤心，要学会在变脸的人那里洗心。

这个世界长相最好看的人，

是那些无论身处什么位置，

始终能用平等的视觉张望他人的人。

洗到最后，不是把人世的黑洗白了。而是到最后，因一念不起，终一尘不染，清清白白，干干净净，了无牵挂。

要么做一个圣人，要么做一个俗人。否则，在一些场合装圣人，难免就会在另一些场合俗不可耐。

一个人，内外不统一，必然会不协调。你都不知道该依了他，还是该离开他。因为，他的不着调，一定程度上，会让与之交往的人也显得不靠谱。

也就是说，他不伦不类，也会害得别人不清不楚。

庄子在《逍遥游》中说，圣人都是无所待的。这是一种极其高深的境界。所谓“无所待”，就是无嗔无恨，无贪无痴，无欲无求，这显然是很不接地气的。

不像俗人，有着强烈的爱憎。这样的爱和憎，都极其私人化。它是一颗私心的真挚外露，是冰与火，是玫瑰与烈酒，见星垂平野阔，亦见月涌大江流，坦荡，率真，不遮不掩，不虚不假。真俗人，绝不会是伪君子。

一个俗人，也最具烟火味。这种烟火味，是柴米油盐，是锅碗瓢盆，是方言俚语，是春种秋收，有怒气也有喜气，见小心眼儿也见大胸襟，亲切，动人，可感。这样的俗人，如果还有一个善良的心地，差不多也就是完美了。

无须太高太冷太遥远，唯愿有情有义有哭有笑自自然然做俗人。

向过往的虚情假意道歉

多年前，曾经那么死心塌地地喜欢过一个人。二十年后再见面，你发现，你已经喜欢不起来了。

回望过去，觉得那个时候真傻。如果真有这般感觉的话，便是对喜欢的人的亵渎。当然了，也是对你自己的亵渎。对曾经的纯真低看，绝不意味着你完全成熟了，而是彻底世俗了。

二十多年的光阴，对方人老珠黄，你心已然木石。这一刻，你才发现，你喜欢的，不是对方的人，而是对方年轻的容颜。你的厌弃，说明了过往的喜欢多么不经推敲。比对方老了更残酷的事实是，你自己已经变得如此不堪。

如果此前的爱是真的，就不能用现在的不爱去推翻一切。你可以不喜欢当下这个人，但必须珍视过去那段时光，必须仰望曾经的山盟海誓和真情付出。这样的你，才是原来的你，这样的时光，才是另一种意义上的地老天荒。

不背叛过去，才是活到了始终如一。不管人世如何流转，只要那颗爱过的心，不蒙尘不变质，尘世就不会老。

不爱了就是不爱了，但有的不爱到后来，成了恶毒。

譬如，有的人获知曾经爱过的人嫁入豪门，非但不祝福还要憎恨诅咒。有的人听说与自己分手的人，最后遇人不淑，婚姻生活糟糕不幸，非但不为之痛心反而讥讽奚落，仿佛只有这样，才快意才解气，才会心底平衡。

爱一个人，只是希望对方爱你，或者，只希望被你一个人爱。换一个说法就是，大凡你爱的人，只能爱你，不可有其他的选择。这般偏激的爱，是多么自私和狭隘。这已然不是爱，是霸占，是奴役，是居高临下，是赤裸裸的精神控制。与这样的人相爱，多么危险。而拥有这样的一份爱，又是多么让人担惊受怕。

真正的爱，走到一起就彼此深爱，分手天涯就遥相祝福：希望对方找到可托付终身的人，并被所爱的人恒久疼爱。

哪怕最后，形同陌路，也要做一个坐在路边为对方鼓掌的人。

时间是这个世界最后的法官，也是最好的法官。因为，正是“后来”，让所有人露出了本真的面目。无论此前他们伪装得有多深，演得有多像，都会在后来现出本心和本性。此前的一怀赤诚，后来这一刻，全部云集面部，变成了嘴脸。

只是变了的每一个人，会不会对曾经的自己做一次忏悔呢？为过往的演技，尤其为过往轰轰烈烈的虚情假意做一个深刻的道歉呢？

戏曲《断桥》中，许仙听信法海，逃进金山寺，再相遇后，白素贞对许仙唱：

你走后，妻为你肝肠寸断，

终朝每日把心担，

妻怕你在外边无人照管，

妻怕你得了病谁把药煎，

妻怕你老诚人被人暗算，

妻怕你衣衫破无人缝连，

哪一夜，妻不等你鸡叫三遍，

月落星散银河偏转，

谯楼上鼓打五更天，

可怜我，枕上泪珠都湿遍……

有时候，人不如蛇。白娘子，这一唱，人世间的爱，就真的地老天荒了。

抢吃抢喝肯定配不上你的气质

极渴的时候，喝水要慢，因为你急着端起来的，未必是水。

极饿的时候，吃饭要慢，因为狼吞虎咽，容易留下病根。

极愤怒的时候，说话要慢，因为有些话一旦说出口就收不回来。那些过了头的话容易伤人，而伤人难免祸己。

除了逃命，人世间更多的事没必要快。慢一点的好处是，一则会给自己留下回旋的余地，二则这样也显得通达得体，大度从容。

吃自助餐，最好浅盘多取。

即便你饭量足够大，肚子足够广袤，可以吃光吃尽，也不必把盘子堆得满满的。岗尖一盘，固然可以吃到饕餮。但饕餮的模样，在这样的场合里，看起来必然吓人。

所以，要吃得好，更要吃得好看。

取时盘浅，餐时语低，最是优雅。一个人，无论穿着多体面，抢吃抢喝的样子，肯定配不上自己的气质。

凡事从对方的角度思考的人，一定比凡事从自己的角度思考的人更靠谱。靠谱的原因是，这样的人不自私。

活一辈子，能事事都为别人考虑的人，这样的人即使不伟大也一定崇高。反之，一辈子事事为自己考虑的人，这样的人即便面相和善也难免流于自私。

所谓相由心生，心底盛着别人的人和心中没有别人的人，面相决然是不相同的。前者看到的世界和后者看到的世界，也决然不一样。

眼界决定生活品质。也因此，这两种人，幸福指数肯定也不一样。

跟父母说话高声大气吹胡子瞪眼的人，倘若跟你柔声细语甜甜蜜蜜，这样的说话方式一定不是来自他的本心。

一个对父母都好不起来的人，别指望他对你能真的好。你若没有发现破绽，只会是两种情况：一是时间不够长，一是他演得比较深沉。

找对象一定要找一个孝顺的人，诚以为然。因为，在孝

有价值的人生，其实就是自我的实现和成全，
进而，于生命有意思，于灵魂有意味。

顺那里，藏着一个人心底处最后的和颜悦色，这样的人最终差不了。

与父母同住一院，吃饺子，不把第一碗端送给父母的，是谓不孝。

无身教，亦无言教，儿孙不受此耳濡目染的，长大后，也必不孝。

人生因此晚景凄凉者，不值得可怜。

背后慷慨激昂却临阵退缩的人，不可与之共事。四处打听闲事，嘴可抵一广播站的人，不可与之共事。整天抱怨不思改变的人，不可与之共事。阿谀奉承总想着走上层路线的人，不可与之共事。喜欢指责别人而自己一塌糊涂的人，不可与之共事。吃一点亏就锱铢必较睚眦必报的人，不可与之共事。一心追名逐利没有担当的人，不可与之共事。

跟强者对着干的人，一定是强者。欺负弱者的人，必定是孬种。而且，是卑鄙的孬种。

它的卑鄙之处就在于，还常常以强者自居。

有的人身高不过五尺，却是条汉子。有的人膀大腰圆，仍是个懦夫。有的人可以为他击节赞叹热泪盈眶，有的人只能哀其不幸怒其不争。

交有钱之人，不如交有趣之人。锦上添花之事就不必了，有工夫多做雪中送炭之事。有道是，救人一命胜造七级浮屠，能雪中送炭，就是救人于水火。

少说话，多读书。闭门即是深山，读书随处净土。

批评的声音

几年前，在网络上，有人批评萧红，由萧红的作品、经历谈及她的个人生活，说萧红的私生活如何如何，所用词汇粗俗而粗暴。这个批评的人，我原本很欣赏她，觉得她的文字清新远俗，但因为这篇文章，便对她敬而远之。

因为那一刻，我看到的不是萧红私生活的混乱，而是这个人内心的肮脏。

我的观点是：萧红不是不能批评，而是有些人不配。

批评是一个人的自由，但并不意味着你可以自由地批评。

这首先有一个资格确认问题。所谓批评的资格，首先是你要出于公心，然后要客观而理性，最后也是最核心的问题，是你必须了解真相。

所以，批评不是信口开河，更不是信口雌黄。不出于公心，难免就有偏私；不信守客观和理性，难免就会狭隘；不了解真相，必然走向虚妄。就像一条狗汪汪，上面的三种情况，对应的比喻应该是：有想法的狗，不明就里的狗，疯狗。

一个有趣的现象是，那些有资格批评的人，往往一言不发。而没有资格的人，却喜欢说三道四。后者，通常会在批评的对象那里挑出种种不是。而前者，不是低调，也不是怕得罪谁，而是他们发现，自己并不比批评的对象高明。

批评，是向彼岸出发，但最终完成的，还包括对此岸的回望。最好的批评，是救赎世界，也是救赎自己。

道德是个好东西，但是总拿道德说事的人，不一定是个好东西。

如果你不够宽广，不刻薄就是宽广。如果你不够慈悲，不恶毒就是慈悲。

如果习惯性的抱怨会让一个人变得很琐碎的话，那么习惯性的批评会让一个人变得阴损。所谓嘴上积德，不是不该说的不说。

我不觉得，批评了别人，就会高人一等。相反，拙劣的批评，只能显示自身的拙劣。批评不是简单的谩骂和指责，它体现一个人的修养、学识、格局和境界。好的批评是一种征服。说的人说得春风化雨，听的人听得心服口服。这其中，道理固然重要，而批评的人自身的品格尤为重要。

也就是说，有的人最后服了你，其实不是你的道理有多么高明，而是你的人格实在高尚，因为敬重你的为人，才愿意聆听你的说教。

批评是很重要的。

一个人能听进去批评才能健康成长，一个社会能接受批评监督才会有长足的进步。

这个道理谁都懂，但并不意味着谁都能接受。懂，说明都活得很明白。不接受，说明有的人喜欢揣着明白装糊涂。于是，也就可以见到这个世界的各种西洋景儿：有的人装腔作势，有的人装聋作哑，有的人装疯卖傻。总之，躲躲闪闪，就是不愿接受批评。

从人性上讲，谁都喜欢赞扬和恭维，这会激发人内在的轻松感和愉悦感。人在欲望的表达上，自我放纵必然要大于自我约束。一个起码的自由是，我不管你的事，你也少来管我的事。批评恰恰是对这种放纵人格的扼制。谁也不愿意面前横亘着一个批评的人，也因此，真正能听进去批评的人必然很少。

人有伟大的胸襟，一个具体的表现就是，不惧他人的批评。一个人总喜欢听恭维的话，不会有大气魄。当然了，恭维的话听久了，就会陶醉于这个世界，迷恋周围的恭维，就会亦真亦幻亦癫亦狂，就会真的以为自己完美，天下太平。从这个意义上讲，批评，就是把一个人从云端拉回现实。

有一个故事，说楚王丢了一把弓，手下人要去找。楚王说，丢弓的是楚国人，拾到弓的也是楚国人，不必去找了。

这原本是很有格局的一件事。但孔子却批评说，楚王的胸襟还不够。他认为，何必拘泥于楚国人呢，把拾到弓的“楚国人”改成“人”才更有格局。出于儒家“仁”的思想，孔子追求的是天下人平等。

作为道家的老子，认为连这个“人”也没必要有。在道家看来，遗于四野不必找回，藏弓于人不如藏弓于天下。

到了佛家，则否定一切。什么楚啊、人啊、丢弓啊，全是执念，应该放下或忘却这些，这样更符合佛教“四大皆空”的理念。

批评是有立场的。我觉得，即便是一个公平的立场，必然也会带着批评者的几分自我色彩。或者说，这些批评首先是自我的，然后才是公平的。

当然了，没有自我的批评，算不上合格的批评。自我，保证了它的唯一性和独特性。而批评，又强化了这个自我，使他愈加与众不同。

有立场，难免就会有偏颇。往大了说，有些批评会含有各种倾向，词尽处机锋四方八面。往小了说，有些批评会直接带着批评者的态度、情绪，情切处便可窥见内心的小九九。

海瑞不怕死，曾经抬着棺材去骂嘉靖皇帝。明朝的言官们，好多都是不怕死的主，不管皇帝高兴不高兴，觉得需要批评就直言进谏。也因此，明朝在中国历史上，还是一个不错的朝代。

朋友在一个小单位，他有个同事，本不是个搬弄是非的人，但总是在领导面前言他的是非。朋友纳闷，怎么这个人脾气变了。后来，朋友的中层领导的职位丢了，这个同事好像一下子回到了从前，风轻云淡。再小的单位，因为有利益，也会乌烟瘴气。

有人批评是一心为国，有人批评是迂回为私。从这个层面上讲，批评分为两类，用心的批评和别有用心的批评。对于别有用心的人，有时候，你会莫名其妙，不知道他到底图什么。

这个世界，大凡事理解释不清的，必然归属于阴暗的人性。

有批评的声音，也许心情会疙疙瘩瘩的。但听进去，就可以看到自己看不到的东西，从而掀开所有的蒙蔽，纠正自己，砥砺前行。

当然了，若周遭没有批评者，会活得很舒服。但问题是，有时候，你也会为此而死得很惨。

你在一个世界，喧嚣在另一个世界

永远不要对一个独立的事件做评判。

我的主张是冷眼相看。沉着，并不会湮没你，恰恰相反，它会彰显你的理性和成熟。一场大戏，不要急着在热闹处叫好，戏罢，演员卸妆，观众散去，你回家对月，泡一壶老茶，再细细品咂，戏才会滋味尽出。

主动评判，就意味着你是一个鼓噪者，而非中立者。而且，简单的二元判断，非黑即白，非好即坏，又容易让某种情绪滋长和嚣张。

还是不评判吧，这样做并不意味着你是傻子。事实上是，你评判了，却容易成了傻子。无论你说了什么，主张了什么，一旦被愚弄、被欺骗、被蒙蔽，本质上都是被利用。民间有一句话，就是你被卖了，还像傻子一样替人家数钱。

除非你了解事情的来龙去脉，否则，你看到的正义未必就

那些活得云淡风轻的人，

不是没了烦恼，而是不执着于烦恼罢了。

敢舍，是一种活得轻松的风度，

更是一种活得开阔的能力。

是真的正义，你看到的丑恶也未必就是真的丑恶。当真相呈现，你发现，不能中立就是昏聩，简单武断即是丑陋。你眷恋道德，却又极易被道德操纵。

我觉得，冷眼相看，就是一种很好的态度。始终与事件保持着一段距离，既不随便赞美，也不刻意鞭挞，既不暧昧也不冷漠，便是一个智者的态度。

当事情尚未水落石出，不轻易主张。这样，你的严谨和审慎，既防止了愚蠢行为的发生，也杜绝了给利用者以机会的可能。

这是对恶者的恶意，也是对自我的善意。

冷眼相看之后，把所有都交给时间。时间不会还原过去，但时间会让真的从容前行，让假的破绽百出，最后清者自清，浊者自浊。

苏格拉底在大街上转悠，见商铺里有那么多琳琅满目的商品，他说了一句伟大的话，他说："我居然有那么多不需要的东西。"

同样是在大街上转一圈，尘俗中人在转完之后，肯定会生出这样的感慨："天哪，我居然还有那么多没有的东西。"

先哲通透，他们比我们需要得少。如果，我们活得足够简单，灵魂其实一样可以抵达明净澄澈的境界。

当一个人不被欲望拖累，真正的超脱自会到来。这一刻，即便在言语上不显露什么禅机，也都是哲学家了。

谁都明白，这个世界是众人的，这个世界的物质，也是众人的。问题是，有的人总希望自己得到的能比别人更多一些。深陷欲望的痛苦，不会产生哲学，它只会产生贪婪，或者走向另一面：吝啬。是的，于这些人来说，如果不能尽可能多地得到，那就尽可能少地失去。

这样或许会减轻痛苦。但这样的过程本身，何尝不是一种痛苦。

深山藏古寺，夜深发长愿，古寺未必藏得住自己，长愿未必能留到天明。逃避不是最好的办法，人在不在深山不重要，重要的是，心要在深山。清简的生活，就是在熙熙攘攘的人群里，你能布袍素履，你能一尘不动，一念不起。

就是你路过灯红酒绿，路过裘马扬扬，路过人世所有的繁华和喧嚣，你眼皮也不抬，绝尘向前，终已不顾。

就是你在一个世界，喧嚣在另一个世界。这时候，身心才最清净，性灵才最自由。

看淡

若干年前，我不会喝酒，就特别讨厌那些嗜酒的人，觉得喝酒的人生没有一点意义。

若干年后，我还是不会喝酒，却特别讨厌自己不会喝酒。觉得一点酒也喝不了的人生了无情趣，少了好多意义。

以前，喜欢从自己出发想一些事，现在愿意从别人的角度看世界。光阴最终让我们发现，自己不一定对，别人也未必一定就错。

岁月不是让我们站在了中间，而是慢慢地要我们懂得，不简单地去肯定什么，不轻易地去否定什么，才是人生最合适的态度。

很多年前理解不了的一个人，现在理解了，曾经九死一生追过的一个人，现在不想追了。这个人变了没变，已经不重要了，重要的是你变了。你不是比原先好了，也不是比原先坏了，而是你终于站在了跟原先完全不同的另一个角度。

活到超越自我，必然会呈现的一种境界就是：看淡。所谓看淡，就是放得下，舍得了，原先有价值的东西依然有价值，只是于你，不想那么去争了。

所以，一个人到老了，倘若还为名利忙忙乎乎，很可怕，也很可悲。孔子曰：老而不死是为贼。孔子的意思是，人老了，要有德行。强烈的名利欲，必然会损害人的德行。这么说来，老而不淡泊，差不多也该是贼了。

一个很难理解的问题是，有的人已经挣得足够多了，但依然不满足。

其实，只要将心比心，再好理解不过。质疑别人的同时反躬自问，自己挣够了吗？既然自己还没觉得够，他人的贪婪就不足为奇了。

那到底多少是个够啊？严格意义上说，只要这个世界上还有贪婪这个词，就不会有够。同样是亿元身家，你觉得对方绝对够得上富翁，对方觉得自己还是个十足的穷光蛋。你说，一亿元可以干多少事啊！他说，一亿元才能干多少事啊！

谁也没有错。贫穷限制了穷人的想象力，富有打开了富人的想象力。在想象力那里，彼此都是怪物，谁也看不上谁，谁也弄不懂谁。

退回到人性，这样的思维，多少还是有些阴暗的。说到底，有的人不是不愿看到富人拥有的更多，而是不愿看到自己以外的人拥有的太多。换一种说法就是，自己没有那么多，也就希望别人也一样拥有的不多。

杀富济贫，狂欢的差不多都是穷人了。穷人才不管这些钱是不是从正道而来的。如果富而不做善事叫“为富不仁”的话，而希望杀富济贫的人，差不多就该叫“为贫不仁”了。

这时候，富有差不多成了一种罪过，而贫穷，在嫉妒心的作怪下，似乎越来越蛮横有理了。

对一个人好，如果对方总回你以冷漠，时间长了，你也会寒心。

你可以绕过自我的炽烈，但不会绕过时间。时间的强大之处是，即便那个人拖不垮你，它也会拖垮你。今天一个冷眼，明天一个冷颜，慢慢地，你就觉得没意思了。好多没意思堆积起来，就会变成不值得。

全情付出，绝情以对。人只有在觉出不值得之后，才会看到此前的傻和痴狂，才会回归理性。寒心，宣告着偏执的结束。寒了心之后，人最大的变化，就是懂得心疼自己了。这时候，对自己说得最多的一句话是：“唉，干吗要那么傻、那么真？”

要及早远离不珍惜你的人。因为，在不厚道的人那里流连，就是对自己的不人道。也因此，人世间有一种爱是荒唐的，那就是对不爱你的人海枯石烂地守望，这种不离不弃的坚守，本质上，就是对自己不屈不挠的折磨。

悲剧就是这么来的。最可悲的是，谁都看出来这是个火坑，但依然有人决绝地往下跳，还心甘情愿，无怨无悔。有人说，悲剧就是把有价值的东西撕碎给人看。是的，撕碎给一个不值得的人，除了感动自己，一切都了无意义。

人生与人性

耿直

有一年，民国某哲学家过生日。他邀请朋友梁漱溟参加他的寿宴，梁漱溟没有去。他问梁漱溟为什么不来，梁漱溟的回答很直接——就因为他曾经媚上。

有一个朋友，上司家有喜宴，几乎所有的同事都去了，唯独他没去。问及原因，他说，这个人仗权势欺负过我，我不能去。

后来，上司退休，为孙子办满月宴，去的人寥寥，但朋友却去了。他的说法是，我得让他明白，我也可以是一个以德报怨的人。

表里如一

宋代有个人叫沈伦，信奉佛教，盛夏时节，坐在屋里，任凭蚊子叮咬他。

家僮持着扇子跑来，要为他驱赶蚊子，他竟然呵斥家僮，不许他靠近。据说，沈伦希望以此积德。

这个故事读起来感觉特别别扭和古怪。

后来，沈伦高居相位，有一年发生饥荒，乡人一拨一拨来跟他借粮，他从来不拒绝，差不多借出去一千斛。后来发生的一件事，一下子解释了此前种种：没过多久，他把所有的借据都烧了。

我对世界上所有匪夷所思的人，都充满着敬畏。尤其是那些跨越漫长光阴而始终如一的人，任凭世事变幻而表里如一的人。

正所谓，时间不可移，世事不能屈。

理想主义

一个朋友在北京的公司做高管，前一阵子跟我说要去上海发展。他说，到上海是去做跟现在毫不相干的事。

我问，比北京好吗？

他说，肯定没有了北京的光鲜。但上海之行是充满着理想

盛时的自我冷静，

衰时的自我蓬勃，

都是很好的平衡内心的能力。

主义的一次行动，人总得为理想活一回。

说这番话的时候还是春天，等我再跟他微信里聊天，已是盛夏。

我问，到上海了？

没有。

还在北京公司？

也没有。

我惊愕，那你在哪里？

现在从公司出来了，每天要么在马路上无所事事地闲逛，要么就窝在家里睡懒觉看电视发呆，反正成了一个彻头彻尾的闲人。

你想干什么？我问。

想沉淀一下。

他接着说，就是想看看，当自己什么都不是了，当赋闲无聊的日子足够长，一定也就会彻底想明白，自己真正需要的是什么。

后来的后来，他没去上海，他又回到了原公司。

对最终的选择，他的解释是：生活远比理想更骨感、更现实。

解决问题的人

李嘉诚九十岁的时候，卸任汕头大学名誉校长。他在毕业典礼中告诫学生，人要始终“谦卑、谦恭、谦虚”。他还说，一个人既要有才能，还要有良心，平庸是没有出路的。

在这次典礼上，最让我印象深刻的是他讲的这样一句话：人的深度和宽度，会决定你是一个解决问题的人，还是一个制造问题的人。

很显然，多少年的人生风雨走过，在老先生看来，一个解决问题的人比一个制造问题的人，更容易为大家接纳和喜欢。

或者，换一个说法就是，一个给别人制造问题的人，必然会给自己的人生带来麻烦。

李嘉诚先生尽管不想有意说透，但已经讲明白了一个基本事实，那就是：一个人的境遇和命运，其实就藏在给别人解决问题还是制造问题里。

拜金

若干年前，认识一个女孩，诗歌写得好，人也长得漂亮，就觉得是这个世界上最棒的女孩了。

那时，她活得贫而有志。从她的散文中，窥见她的家庭情况点滴，觉得能从那样艰难的环境中出落到现在的样子，真是上天的恩赐。

后来她辞职，据说嫁了个好老公，也开办了一家自己的公司。所有人都为她高兴，觉得她的人生开始春暖花开。之后，她便不再写诗了，每天都在为钱而绞尽脑汁。然而，她并不缺钱，朋友圈里，动辄展示她如何月入百万以上，又买了哪些名贵的东西。

其实，这样的转变也不算什么，毕竟，每个人都有自己的活法。

后来，她开始恶毒地诅咒贫穷，赤裸裸地拜金。甚至，开始诅咒自己曾经的过往，诅咒那些穷亲戚穷朋友，不但要割裂，简直要势不两立。

一个从贫穷中活过来的人，可以不感恩过去，但也不至于如此恶毒。

总之，前后判若两人。她写下的每个字，都让人读得惊心动魄，再也找不到从前那个写诗的美丽女孩的身影了。

老

退休同事，年已七十，在操场溜圈，他总是从跑道编号是“1”的那一圈开始，然后是“2”“3”，依此类推。

问他为何这样。他说，为的是记住自己总共走了几圈。现在老了，记性差了。说完，他叹了一口气。

他还说，有几次，他来溜圈的时候，兜里装着几粒花生米，转一圈就吃掉一颗，吃完了，就该回去了。

他年轻的时候，是个“活字典”，大家有什么不清楚的，问他，准没错。而且，他也爱争强斗狠。与人喝酒，有一次喝了一斤半，出门骑着自行车就晃晃悠悠往家赶，结果摔在路边泥坑里，被人抬回家。即便这样，依然故我，在喝酒上谁也不服。

现在，跟他出去喝酒，二两一过，再劝，只是在嘴唇上抿一下，不再下肚。

有人逗他，说他老奸巨猾。他也不恼，说，唉，不能跟年轻的时候比了，等你到了我这个岁数，就知道什么是老了。

性格与命运

宋代有一个人姓张，叫张挥，曾经考中过进士。后来，他出家为僧，法号仲殊，后人也叫他僧挥。

他是怎么出家的呢？说来离奇。据说他这个人喜欢游荡，结果妻子一生气，后果很严重，几次差点毒死他。最后，为了活下来，他只好弃家为僧。

就是这么个人，跟苏轼的关系很不错。苏轼曾经夸赞他，“心中无一毫发事”。尽管史书关于他的介绍很少，但有苏轼这句评价就足够了。一个心中什么事都不留的人，也就没有什么可以让他烦恼的了。

如此乐观放达，能写出“天阔云高，溪横水远，晚日寒生轻晕”这样境界开阔的句子，也就不足为奇了。

明代的张岱生于富贵人家，他的祖辈和父辈都做过官，颇有家财。有一件事记载，说他在天启二年到苏州，正逢城中士女聚集，楼船画舫不绝。张岱在卧龙山下设斗鸡社，张联芳、秦一生常来与张岱斗鸡。一天，张岱读野史知道唐玄宗与他一样是酉年酉月生，也爱斗鸡，张岱觉得唐玄宗斗鸡败国，于是便不再斗鸡。

张岱有这般悟性，本应人生顺达，然而晚景凄凉，竟至“布衣蔬食，常至断炊”。林语堂说他有此结局，只因活得太慷慨了，为亲友终至把家产花完。然时也运也命也，在那个大明王朝摇摇欲坠的年代，他个人的命运必然被裹挟在时代的命运中，于是也便有“繁华靡丽，过眼皆空，五十年来，总成一梦”之感慨。

张岱就是破败的晚明王朝的缩影。

世态冷暖

苏东坡被贬黄州后，具体生活是什么样呢？他给李端叔的信中说：“得罪以来，深自闭塞，扁舟草履，放浪山水间，与樵渔杂处，往往为醉人所推骂，辄自喜渐不为人识。平生亲友，无一字见及，有书与之亦不答，自幸庶几免矣。”

有两处让人感慨：其一就是经常被醉酒之人推骂，他觉得很高兴，因为他很乐于全世界的人都不认识他；其二就是亲朋好友没有人再愿意与他书信往来，即便是自己主动去信也没有人愿意搭理他。

一个人落魄了倒霉了，自己活得凄惨点不算什么，最可怕的是，原来晃动在你眼前跟你推心置腹好到一塌糊涂的身影突然消失。你掉在了深渊，所有人都躲得远远的，生怕你连累到他。

反应

张岱《快园道古》记载一事，说邱琼山过一寺，见四壁俱画西厢，曰：空门安得有此？僧曰：老僧从此悟禅。问：从何处悟？僧曰：老僧悟处在“临去秋波那一转”。

据说徐志摩在飞机失事去世之后，与他相关的几个女人的反应不一。林徽因在北平听到噩耗后，十分悲痛地写下挽联哀悼；陆小曼从此再不吸食大烟，还要每隔几天把一束鲜花供奉在徐志摩的遗像前；而徐的前妻张幼仪获此噩耗后，叫来他们的儿子说，你爸爸上天了，快随你舅舅去接灵吧。

老僧未必真的见悟，张幼仪已经由爱人变成亲人了。

克制

美国阿拉斯加某海湾，头顶两架直升机在盘旋，机上高音喇叭在倒数：十、九、八……三、二、一，下面是蓄势待发的渔船，当高音喇叭里倒数完毕，一声“开始”，船上所有的网具快速地抛下海。是的，渔民们必须争分夺秒，因为他们只有25分钟的捕鱼时间。

原来，每年的这个时节，鲱鱼会成群结队地在这片海域聚集，然后产卵繁殖。当地规定，给所有渔民捕鱼的时间，只有短短25分钟，时间一到，上面的直升机会监督所有的渔船收起渔具，一年一季的捕鱼期就算结束了。

谁都明白，这是为了生态保护。但让人感动的是，这一网下去，无论捕的多还是少，渔民们都会自觉把网收起来，开船走掉，一分钟也不多停留。而与之相对的画面是，相邻的一片海域，无数头鲸鱼大快朵颐，成吨成吨的鲱鱼进了它们的肚子。

为什么是25分钟呢？这似乎已经不重要了，人类在欲望面前的任何克制，在我看来，都美不胜收。

友猫

朋友家的猫有十多岁了吧，家属院的好多人大概它都认识。

它小的时候，大家都喊它小咪，它大了之后，大家就喊它

真正的富有，
必然是灵魂充实而有趣味。

大咪，它老了，大家还喊它大咪。

——大家还是不愿它老的。

但大咪活得越来越世故了。大咪常在自家的楼道门口卧着，主人不在家的时候，无论谁喊它，它都会“喵”一声，朝着喊的人回应。又或者，跟着你跑几步，显出十分亲近的样子。还有一回，主人出门，两天没回来，它见谁跟着谁走，给水喝，给饭吃，它都叫得温顺而深情，满眼的感激涕零。

只要家里的主人在，大咪就摆出一副傲慢高冷的样子。你喊它，总是爱答不理的，有时候，故意还把眼神移到无关紧要的事情上。甚至，你连喊几声，它都不理你的茬儿。那个困窘时跟着你跑，蹭你裤腿的猫，这一刻，全无踪影。

很多年前，忘了听谁说过一句话，猫是很势利的。我把这句话转述给猫的主人，他略微沉吟了一下说，你是不懂它的孤独。

猫的世界，有着人的世界没有的孤独。他又补充了一句。

清苦之乐

最美的日子，都在清苦之中。

大学毕业那一年，分在一所偏僻的中学。工资二百多块，但县里发不出来，也便连这点钱也拿不到手。

好在学校的食堂可以赊账，每天中午，食堂的菜里，会有豆腐，这于我们几个老师来说，已经是很美的享受了。一手端着碗菜，另一手抓两个馒头，然后就蹲在宿舍的地上看电视。有一个老师特别喜欢宋祖英，电视里只要有宋祖英唱歌，他就乐开了花。

小镇上的小饭店，知道我们是中学里的教员，苦哈哈的，也赊给我们吃。有一天是周末，晚上很大的月亮，我们赊回来二斤熏猪头肉、一袋花生米，还有一些啤酒，一直喝到夜深。彼时月亮更大也更白了，我们相约到学校后边的大公路去玩。小镇黑黢黢的，沉默着，像一条睡熟的虫子。公路上也看不到几辆车，我们居然吼着歌，从这个小镇步行走到了另一个小镇，返回来的时候，酒也醒了。

睡熟的小镇，一点声响也没有，蛰伏在那里。月光更白了，小街上，屋顶上，树梢上，到处都是，月光在跟它们说话，是耳语，我们听不到。

夜深时分，人间的秘语，都那么温暖。

友损

若干年前，一个人为了从乡下调回城里，他跑到朋友那里，请他帮帮忙。朋友说，你给我拿点钱吧，我给你打点打点。

这个人问，拿多少。朋友说，别多拿，我一分钱不要，请相关的人吃个饭就行了。

他没敢太吝啬，交给朋友五千块钱。结果，那一年，他没被调上来。

又一年，他再去找朋友。言及此事，朋友苦笑，说去年的钱还是少了点。这个人很尴尬，觉得给朋友丢了面子。临走的时候，他留下一万块钱，朋友没说多也没说少，只是说，我试试吧。

这一年，还是一点动静也没有。

有人说，你干吗在一棵树上吊死。他人托人，找到了另一个人，结果真是吃了一顿饭，也就花了几百块钱，他调回了县城。

他开始觉得此前的事蹊跷。后来辗转打听到，他这个朋友借为人办事为名，也曾经骗过其他人的钱。

一次，他与朋友相遇。朋友问，你调上来了？他“嗯”了一声。朋友说，这个事算终于办成了。他一句话没说，扭头“呸”地向地上啐了一口，走了。

一切不过是生活

是时候了，我该告诉你关于命运的一些事情。太阳偏西，山峦埋伏在暗喻里。风推动着云影，云影推动着暗夜，黄昏来临。

院落干净，犁铧指向春天。羊在咩叫，鹅在蹒跚。你朝我笑笑，说你不信命。

一切，不过是生活。

一条蛛丝从不向檐角诉说命运，一滴露水从不向大地诉说悲怆，一树落叶散尽，也从来不向天空喊出苍凉。命运是个出口，也是个借口。心底没有光亮的人，也会因此踩住光亮。

我泪眼婆娑，拼命点头。本想去安慰你，抚摸你光阴里的那些艰难和隐忍，你却让我看到了乐观和坚强。本想为你划一根火柴，点燃温暖，而你早已为寒冷的星星披上衣裳。

所有的苦难都写满倔强，所有的泪水都长出了翅膀。雷声里，还会有恫吓。低谷尽头，每一只萤火虫都自己带着灯，把前路照亮。

一个不信命的人啊，我要借你的名字，诵念诗歌、经卷，以及人世的幸福。在你的名字里，打开希望，翻出一坡的青草，以及一生的阳光。

做个温暖的人多好，看着你拴好柴门，看着月亮在篱笆上升起，看着夜色宁谧，看着风为你把跑丢的星一颗一颗数过。

做个温暖的人多好。大地是干净的，鹅卵石是干净的，溪流是干净的，水鸟的蹦跳是干净的。阳光喊住我，我喊住你。要不负春光啊，这样才能在秋天等到暮色丰腴。

把琐碎退还给琐碎，把一场喧嚣溺在另一场喧嚣里，我只管将人世的恬淡领回家。做个温暖的人多好，山陪着水，我陪着你，生活日复一日，韭菜冒出新芽，书在翻动着页码。即便一天不说话，看你微笑着，就幸福和美好。

你的方言像一条河，我迤逦在两岸，长成一片花草，或长成一棵树为你聆听绿肥红瘦，也为你枝柯纵横，遮风避雨。我愿是你辽阔的下游啊，迎接着一切，承载着一切，从不哀伤，从不抱怨。

太阳从东窗转到西窗，一朵干菊花被放在沸水里，人世的另一种开放，也可以安静而含蓄，丰盛而美丽。

我一个人上山，又一个人过河，山中只有你的眼神的回响。河滩，无数的足迹被冲刷。是的，就我一个人，我不让你看出我的悲伤，一地的孤独，捡拾伤口和阳光。

你在远方，那个地方有雨，也有风霜，我为一朵花打伞，为一面草坡披上衣裳。然后，我守着一盏灯，护住一条路，我就站在你的梦境里，像一个信念，像一生的理想。一辈子的雪是下不完的，露水坠落，溪流来过，像无数次的不辞而别，像第一次来临，像窗户后，你的眼睛。在季风前，在雪线上，像是等待了许久的重逢，也像此刻，我的心，怦然作响。

我说过多少句，有你就够了，就像我从未说过一样。我在尘世间谈笑风生，只是想掩盖住我的悲伤。清晨，我给一朵花浇水；黄昏，我给一片暮霭涂色。我把这个世界打扮得美丽，我不想沉沦，我想打捞起所有漂泊的月色，和注定无法泅渡的忧伤。

那忧伤啊，是大河大江，是我此刻写下的诗行。

慢慢地打开一本书，再慢慢地合上它。

夜色慢慢的，灯火也慢慢的，生命每天要拿走一个夜晚，我把它掰成两半，一半给案上诗书，一半给梦，像枕边的神谕和宣言，即使失眠，也安安静静的，心底有春天的人，不会诅咒寒冷和雪。

慢慢地跟每一位亲人说话，父亲、母亲、更长的长辈。与每一根白发倚靠在一起，与每一条皱纹倚靠在一起，时间也正在慢慢地拿走他们。扫出一院子的阳光，守着几声咳嗽，一生总要爱几个人，一生总要为几个人深怀耐心。

慢慢地给远方的人写信，为一个名字的笔画颤抖。或者，慢慢地向一个地方张望，云彩走过所有的心路。忘记一座城市的名字，忘记一条街道的名字，让所有的路灯荒芜，以誓言的名义，接近誓言，以极简的方式，放下所有纠缠。

慢慢地吃一餐饭，与阳光的香味相遇；慢慢地沐浴，回到胎体的干净和自由；慢慢地发呆，觉出世界是空的。

一切都慢慢的，让泪水看到果实，让此岸看到彼岸，让一些种子，站在光阴高处，看到人世耀眼的平凡。

我向花要下一些种子，向一片云彩要下河流的走向，向窗帷后面，要下无数风的秘密。我在问向你的时候，你在哪里？白垩纪侏罗纪已逝，有情有义的化石，都还活着。

我用一个下午冲一道茶，茶香已尽，旁边的座位上，春天已去，雨声已去，祝祷的神谕已去，我该说点什么好，喧闹的世界有无尽的苍白。我立起手指，在茶桌上写下你的名字，像两条河在交汇，像钟声听到久远的回声。

一首诗的荒唐被重复着，一些音符的偏执被重复着，一些脚印被后来的脚印重复着，一些谎言被另一些谎言重复着。我坐在春天的土坡上，决定重复最初的路，就像重复所有的过往，就像山河大地被你我重新抄写一遍。

这土坡上什么也没有，只有四季，只有天籁，但正好陪你，看尽人间烟火。

第四辑

细数过往的美好

家里的米桂开了

家里的米桂开了，四瓣的细碎小花，三五朵一簇，七八朵一簇，开在一棵细细弱弱的盆栽桂树上，香。我的书房，也便香得气质高贵起来。我呢，醉在其中，久坐而不肯挪动，想就着它的香气，争取也能写出一些馥郁芬芳的句子。

即便下班回家，踏上楼梯，满心里也盛着它。我所想的是，我一开门，它便香香地扑我怀，说：你回来了。

以植物为伴，书房就有了生机。而植物有了香气，仿佛就有了灵魂。我坐在书房里，觉得这株香气四溢的米桂，以吐香的方式，与我一句一句地说话。我写几行字，就俯身与它们对视一会儿，想以此告诉它们：你们说吧，我听着呢。

与米桂厮守，是人生的一种趣味。

倘若有长假，也不乐于跟着团跑来跑去，这样的旅游，累而无趣。倒是喜欢携两三好友，去一个喜欢的地方，住上几天。这个地方最好有山有水，无山的话，最好有水，水大而浩渺，便觉心胸也跟着开阔起来。然后，有一木质长条桌，桌上有喜欢的茶，竹椅几张，与友人坐在其上，看着远远的山水，淡淡说一些话，或者激烈地争辩几句，便觉人生真没什么其他可需要的了。

——不想过太过浓烈的人生。淡淡的，才平和而长久。

有一次游泳，我仰躺在水面上，突然想，倘若掉进大海里，海水温暖，无海蜇扰我，无鲨鱼追我，我就一直这样仰躺在水面上，人生也必然惬意啊。这时候干点什么好呢？唱歌吧，把所有会唱的歌唱一遍，可以唱到婉转，也可以唱到跑调，可以干吼，也可以低吟。唱累了怎么办？那就再唱一遍。一边唱，一边看看天上的云彩，争取不要唱出孤独来，更不要唱出畏惧来。

一则报道说，南方一小伙子为了看中秋月，掉到了大海里。幸运的是，第二天白天，他被救起。我在想，他在海里随浪漂荡的一宿，都干了些什么呢。譬如，他背诵张若虚的《春江花月夜》，背了一遍又一遍，突然顿悟了若干年前未曾明白的句子，他号啕大哭，不是因为害怕，而是因为懂了，他接通了张若虚，接通了月亮，与天地精神往来了一宿，他思考到疲惫之时，突然听到几声呼叫，然后，便得救了。

这是多美的体验。哈哈哈。

古人说，智者乐水。是的，临水或戏水，可以让人得智。

水的精神足够多，我所感受到的是，戏水或临水的时候，可以隔开好多人和事，我喜欢这种距离感，它容易让人精神自由。

就像喜欢书房里的米桂一样。自然里，这样开着花的米桂很多，它们散发着芳香，却被别人司空见惯，习以为常。这花，在我的书房里，却不一样，仿佛是一个高洁的朋友。我厮守着它，与它精神上相往来，容易远离世俗，发现另一个自己。

细数过往的美好

人这一辈子，有些事情的发生，真是匪夷所思。

1983年，我意外地考上了县第五中学。多少年来，家乡人对上学的看法，小学毕业到乡中学混两年，不过是多认识几个字而已，最终，还是要回来种地的。而我突然考到了三十几里外的公办中学，这在村庄是从未有过的。村人纷纷称赞，父亲也很激动。他说，看来李书记说得不错，小子真是要有点出息了。

小学三四年级的时候，乡书记来到村里，书记姓李，突然指着我说，你看这孩子眼睛仁儿多黑，将来一定会有出息。其时，我正跟几个伙伴在街道上玩，他这么一说，我们都停了下来。几个乡邻一边应和着，一边也都看着我。父亲也在旁边，看着我笑，脸上讪讪的，说不清是骄傲，还是难为情。在偏远的乡下，书记就是大人物，他的话，父亲果然很郑重地记了下来，在考上重点初中这个场景上，派上了用场。

对于这场考试，有两个细节我不能忘。一是，考试结束后，我在镇里的一家小卖部买了个面包，结果拿给我的是一个放置了多年的干面包，我啃了半天，居然啃不下一个角来。二是，试卷中有一个判断题，说一斤铁比一斤棉花重，在电光石火的一瞬间，我觉得是个伪命题，立刻画了大大的“×”号，并环视考场，兴奋了好一阵子。

人生是不能假设的。如果我没有上这所学校，可能跟家乡的小伙伴一样，进入另一种生活轨迹中。当然了，在这所顶有名的初中，我上了三年，并没有考上师范和中专，而是灰溜溜地上了高中。

二十世纪八十年代末，大学还是很难考上的，尤其是偏远的县域。我所在的县中学，每年也就考上十几个人，而这些人中，大部分都是复读生。有一位老兄，据说复读了八年。秋冬时节，在家务农，每到春天的时候，就背着行李卷来到学校，坐在教室最后一排，极谦逊地听课做题。斯人清瘦，髭须稍长，一面说话一面笑。他选考的外语是日语，有时候他就教我们“叽里咕噜”说几句，大约是“土豆哪里去挖，一挖一麻袋”之类。

有这位老兄为榜样，大家即使复习个一年半载，也觉得是可以熬的。我考上的那一年，说来有点惊险。高考结束，我就回了家，天天在家等消息。在我看来，如果考上了，定会有人来通知的，类似于古人中了举，要有人敲锣打鼓来村里道贺

当人的精神被滋润，

就会向生活开许多窗，

进而看到别人看不到的美好。

报信的。我等啊等，始终没有半点消息，便有些绝望。村里人说，考上考不上，去学校看个究竟吧。等我到了学校，班主任瞪大眼睛瞅着我，那样子仿佛要把我吃掉。他朝我吼："我看你的大学是不想上了！"原来，我分数够了，而那天已经是填报志愿的最后期限，再不来，就上不成大学了。

赶紧跑到同学家填了志愿，慌乱中，自己都不知道具体填了什么学校。因为我得自己跑到市里递交志愿。对于一个小毛孩来说，市里是个从没去过的遥远地方，更遑论还要在当天下班前，递交到某个部门。当时的绝望感，可想而知。

幸运的是，有一个同学恰好临时要修改志愿，而他的父母在县里是个人物，他家有车，他家有司机，他家见过世面，但他家没想到还有个我，于是，我的千钧一发火烧眉毛岌岌可危的志愿，就这样在最后时刻捎到了市里。

你说，惊不惊险？刺不刺激？

大学毕业，本来该分回所在县的。但是我属于"定向生"。事实也证明，同学们毕业后都回到了本县，而我，却是个例外。

现在回想起来，唯一可能改变这种走向的，是毕业前曾经填写过的一个信封。印象中，这个信封是要毕业生填写分配去向的。那时，父亲已经病故，家已经搬到了另一个县。于是，我就斗胆把去向写到了这个县，这样可以离家近些，离母亲近些。其实，即便这样填写了，我也没抱多大的希望。毕业分回原来的地方，是板上钉钉的事情，因为这是政策，是难以更改的。

谁料，秋天的时候，家里给我电话，要我回去报到。而报到的地点，居然就是另一个县的教育局。报到的那天，主管教育的副局长还批评了我一顿，说我报到得晚了，导致那所学校的语文课一直由音乐老师代着，每天都在念课文。

我在那所叫王虎屯的学校待的时间并不长，就调到了冀中平原。尽管这样，那里还是给我留下了好多美好的记忆：一起骑着摩托车，在公路上疯跑，到村里某老师家聚餐，半宿就着月光回到学校，还有就是，我总去那个小小的邮局，去看报纸上有没有我发表的文章。及至后来，一个姓崔的老师，把我调走之后寄到学校的稿费取出来，想办法如数寄给我。都是好人啊！

若干年前，我在案头写下一句话：命运惠我良多。这是发自内心对生活的感恩。好多次跟朋友说起，现在回看以往写的文字，真是稚嫩得不行，然而，即便这样，还是遇到了好多厚爱我的人。如果一个人在生命中会遇到贵人的话，那我遇到了太多。

大约在2003年的夏秋时节，我突然收到一个EMS快递，那时候快递还并不多见，这是谁寄来的呢？打开后，首先看到了一张百元钞票夹在文件里面，掏出一摞文件，首入眼帘的是《读者》杂志的绿色小蜜蜂logo。读完全部文件后，才知道是杂志要跟我签约。那张百元钞票，是回寄的邮资。那是《读者》杂志第一次跟全国百位作家签约，名单中有周国平、毕淑敏等响当当的名字，而我居然也忝列其中，觉得荣幸之至。

那时的《读者》杂志影响力巨大，全国签约百名作家，无论怎么数，也轮不到我。何德何能，又何其有幸。这本杂志用它的文字影响过几代人，也用这样的方式，惠泽过我。

还有一年，本省的都市报副刊选四个人写专栏，其中一个居然是我。其时，我籍籍无名，不知道这样的好事为什么会轮到自己头上。问责任编辑，编辑说，是领导选的。领导是谁呢？为什么要选我呢？直到若干年后，一个偶然的机会，我到省城遇上了都市报的那位总编辑，提及此事，他微微一笑说，我以前看过你在《中国青年报》上的几篇文章，文笔挺好的，于是就想到了你。

有人说，人生的所有幸运都是努力的结果。我认为，这个世界真的有属于一个人的幸运，跟努力没有关系。当然了，你可以认为它是命运的一部分。它们或从天而降，或兜兜转转，总之，想方设法要来到你的生命当中，让你觉得又惊喜，又美好。

有时候，回望岁月发生的种种，当时只道是寻常，现在隔着光阴看，冥冥之中，好像潜着某种神秘的力量。一切皆是最好的安排。怎么说呢，还是去感谢吧，感谢生活曾经的赐予，感恩命运带来的这一切。

我还想说的是，即便回忆过去，多数过往发生的美好，于人生来说，这也该算一种最好的安排吧。

知道自己有几斤几两

多年前，江西南昌的一个朋友邀我去他那里，大意是要我做两次演讲。他说，马老师，食宿以及来回机票我们管，另外，我们也不让你白讲。

然后，他报出一个不菲的数字。说实话，于一个穷人来说，这笔钱还是很让人动心的，但思来想去，我还是婉言谢绝了。一来，人丑胆小，从不喜欢在人多处露脸。尤其在黑压压的人群面前讲话，无数双眼睛盯着自己，讲得好坏不说，一看颜值，大家就觉得没有听下去的必要了。再加上紧张，若讲得结结巴巴语无伦次，大家呼啦作鸟兽散，那得多尴尬。自己尴尬也就罢了，岂不坑了人家主办方。二来，天生心底不能装事，一旦说好成行的话，去之前的所有日子，都将会为这件事焦头烂额，吃不下饭，睡不好觉。三来，也是最要紧的，去了讲点什么呢，胸无点墨，腹中空空，自己有几斤几两还不知道

由盛看到衰，

方有未雨绸缪之念。

由喧嚣回归寂静，

可生修心养性之明。

啊！便觉得，无论讲什么，都对不住人家给的那笔钱。

对方见我拒绝，说，马老师，钱不是问题。他以为我嫌给的少。我哭笑不得，说钱已经足够多了。那你顾虑什么？我只好撒了个谎说，学校事多，脱不开身。

又一年，北京的一个人辗转得到我的电话，邀约我去她那里讲点什么。她说，马老师给我们的学生来讲一讲吧，他们都很喜欢你。其时，这个人大约在北京办一家教育机构，每年都会邀请一些人做报告。当然了，对方也允诺给我一笔报酬。因为有之前的经验，我赶紧拒绝了。她有些不解说，这么多年，我们邀请过这么多人了，还很少有人拒绝过呢。马老师，你离北京这么近，我们去接你，完事后再送回，肯定耽误不了你的事。

对方的态度足够诚恳，我的拒绝也十分干脆。我总是想，我能讲什么呢？人生几十载，碌碌庸常，根本没有于大庭广众之中，给人启迪或发人深省的东西。更何况，你不讲还好，一讲下面说话的、玩手机的、看书的、打瞌睡的，干什么的都有，个人在台上自说自话，你说得有多煞风景、多失败。

相对来说，我更愿意写。有时候，报刊采访，总喜欢对方列个提纲，我答卷一般答完了，发过去了事。因为，在我看来，写比说要自由得多，也容易得多。

由此，便特别佩服那些经常云游四方做讲演的人。这些人往往“人来疯”，底下听众越多越兴奋，越兴奋越把控不住自己，本来说好是两小时，结果讲到四小时还没有停下来的迹象。还有，就是那些把一个内容讲一千遍的人。这个地方讲的是这套，换一个地方讲的还是这套。他们不厌其烦，每一次讲就像第一次讲一样，化腐朽为神奇，化枯燥为蓬勃，让你不服不行。我觉得，这些人都是人才啊，驽钝如我者，绝不会有此出息的。

有一个故事说，有一个人在两个地方听了某演说家内容完全雷同的演讲，于是就委婉地给对方指出。哪料，演说家很不悦，回击说：你说你认识我，可是我不认你啊！

应该说，有的演讲真的值钱。据说跟股神巴菲特进一次午餐，需要花几十万美元。或许，在这顿饭里听到的，可能是在别人那里一辈子都听不到的东西。受益终生的话，绝非是钱能换来的。一个人若演说的内容有价值，还愿意云游四方点化众生，是很值得推崇的。自度不说，还喜欢度人，必然是大受欢迎。

我原以为，为类似的事，这些年一定得罪了不少人。其实，根本没有自己所想象的那么严重。拒绝后，你这边还不好意思呢，人家那边可能早就把这件事丢到九霄云外了。这个世界，没有那么多重要的人，也没有那么多重要的事。再后来，我再选择婉言谢绝的时候，就愈发轻松了。自己这里过得去，别人那里也过得去，于己无害，于人无伤，便是人间凡事。

有一次，偶尔在一个场合，同事提及北京邀约我的那件事，说邀我的那个人是他的同学云云。他说：“同学说啦，你挺不好请的。不过，她还说，她挺喜欢马老师这样的，跟他的写的文章一样，是个淡泊的人。”

我听罢笑笑，心里却蕴含着感激。

我就是我

我是一个喜欢简单的人，也是一个习惯于简单生活的人。

不愿去打扰别人，也不愿别人打扰自己。

也就是说，极不情愿他人突兀地造访，以及毫无预见地提某种请求。

这并不表明我拒绝别人接近，然后活到孤单。我的态度是，不做生活的加法。在我看来，一些闲事的滋生和无聊的相伴，都是做加法做出来的。

若因此，在过往而得罪了谁，希望能获谅解。当然了，若对方硬性地把这理解为一种傲慢，我也没有办法。每个人都有一点精神洁癖，我渴求简单，只是希望自己是安静的。一来，安静可以让自己做成点事。二来，我认为，生命安静下来的样子，最耐看。

从另一个方面讲，我还不够强大。因为真正的强大，是不怕被打扰的。譬如，那些隐于闹市中的大隐之士。这个“大”字，其实就是精神强大，是可以不扰于外，不困于心。

人和人必然是有差别的，就像你我不一样一样。

也不苛求他人，把自己的活法理解为低调。因为低调首先需要对方能懂，然后，还需自己有令人仰望的成就。我从来没觉得自己做成了什么，事实上也真没做成什么，所以谈不上低调，当然了也更谈不上高傲。毕竟，人的高傲是需要资本的。

所以，最好的理解是，我是一个普通人，有着和其他普通人一样的毛病。当你是一个普通人的时候，就会很好地理解我。当然了，若你的境界和格局远在我之上，决然不会跟我计较。道理再明白不过，因为我的器小而不值得，因为你的宽广而没必要。

最后，彻底懂得了我的，一定是良善的人。无论是真的理解了我，还是退一步原谅了我。最终，在你的精神世界，收留了这个有点洁癖的人。

若干年前，有人对我说，你的文笔这么好，要不改行做文秘吧。

我知道对方是真心的。人家是真的欣赏你，便愿意这般抬举你。我说，我不愿意做公务员。我这人天生不愿意接近领导，也不愿意做那些迎来送往的事。文字能力或许能伺候得了，其他方面未必能侍奉得到位。这里面有能力的原因，也有脾气性格的原因。人要做适合自己的事，后来证明，我的拒绝是对的。

因为，我好像只适合教书。

教书的生活实在简单，不需揣摩谁的心思，也无须看谁的脸色，更不用说那些言不由衷的话。学生不听话，我就可以粗声大气地教育，甚至还要拿出一副居高临下无限正确的气势。干别的可能就不会这么自由，夹着尾巴做人的时候居多。有时候，夹着尾巴你都未必能做成好人。因为，好不好的标准不在你这里。

即便是本单位的领导，我也从不主动接近。碰上了就打个招呼，如果隔着稍远的，便远远地走开。年轻的时候是这样，如今还是这样，并没有因为上了点岁数就活得实用一点。有人说，性格决定命运，诚以为然。像我这般，属于死狗扶不上墙，混得惨淡是情理之中的事。当然了，自己也没想干成什么。活在当下，也乐在当下，没觉得跟别人差多少。

这种活法，也影响到与朋友的交往上。彼此都是穷光蛋的时候，一起吃一起喝一起玩，荤的素的有用的没用的，可以一天到晚厮混在一起。倘若其中一人有了钱抑或有了势，不是走得更近贴得更紧，而是选择慢慢疏离，宁愿站在很远的地方看着，可共甘苦，不愿同富贵。

不依附，也不让对方担心被依附，彼此都自由。有些话，不用因为抹不开脸面而说不出口，有些事不用因为不好意思而

把一件简单的事交给漫长的岁月，
最后磨砺的，
是自己的心性和耐力。

难出手。最远的距离，就是最轻松的距离。如果还是朋友就淡淡维系，不是朋友完全可以从此别过。

本质上，我是一个愿意向下兼容的人。

我喜欢这样，不攀，不媚，与高处的人保持距离，与弱小的人同行，然后静静活出自己。

树们也活得挺有意思的

操场上有一排树，本应该活得与世无争才是，可它们的样子，一点也不散淡。

这几年，它们一直暗地里憋着劲长，个个都很粗壮，一副谁也不服谁的姿态。有几棵长得甚至有点不讲理，不仅腰粗，树冠也大，往这家伸条枝柯，又往那家伸条枝柯，咋咋呼呼的，好像要玩霸权主义。那些被挤得相对瘦弱的，就使劲往上蹿个，梢头锋利，直刺天空，睥睨着臃肿的众生——这倒也是活着的一个思路，走时尚路线，跟胖子们比苗条，与糙汉们比气质。

也终有被欺负得不像样的。有几棵树，树干也细，树冠也小，羸弱得像谁家受气的男人，低眉顺眼地夹杂在中间。看来要一辈子受气下去了，眼见的，今年这边被挤占一枝的地方，明年那边又被挤占一枝的地方，就这样，只剩下一天天的苟且了。

每天我在操场溜圈，就端详着这一排树。前些年，它们都还小，我没正眼看过它们。等我注意它们的时候，好像一下子就长这么高这么大了。数年不见，树们也出人头地，混得像模像样了。

操场一天到晚来来往往许多人。也许，它们根本没注意过我。偶有闲下来的树，看到我，也不过瞥一眼，觉得这家伙呆头呆脑的，没什么意思，很快就忘却了。生命中有太多的事情来过，前年的一场大雪，大前年的那场龙卷风，以及风中暗送过来的秋波，已经让它们应接不暇。它们当然不会记得，数年前，一个学生抱着颗铅球往它们的身上扔，我锐声喝住的那一嗓子。

是的，这个世界，你觉得重要的事，别人说忘就忘了。

有几棵大树上面架了喜鹊窝，黑黑的，大大的，老远就可以看见，仿佛是给自己加的冕。有一年霾大，树们都隐没了，只剩下黑黑的一个轮廓，轻舟一般浮在霾之上，超有意境的。喜鹊一旦把巢建在某棵树上，就把一辈子的风花雪月和窃窃私语都交给了这棵树。春天的早上，我见一只喜鹊在一棵树上喳喳地叫，西北角的天空，另一只喜鹊一边飞一边跟它应和。树们聊天的时候，肯定会聊到喜鹊，肯定会聊到喜鹊的忠诚和暧昧，聊到它们的幕后和人前。

树们知道的秘密太多了。

操场南边早年是锅炉房，后来因为治理污染，废了。挺大的一块地方，只有两棵树。其中那棵大的，树冠铺陈得很夸张，但个子不高，大约长着长着，举目四顾，没人跟它竞争，觉得折腾没意思，也就偃旗息鼓了。总之，长成了一副戛然而止的样子。它旁边的另一棵，干脆就没怎么长。真是树比树气死个树。那边的树们为了争夺阳光，一年四季打得头破血流的。这边这家伙，阳光足够，雨水足够，却懒洋洋的，就是不愿长。还能说什么呢，这都是命。

为了活着，你需要拼尽所有，而人家不做什么，却应有尽有。

树们这么多年，也见证了好多事。操场由最开始的炉灰渣跑道换成了塑胶跑道，一墙之隔的一排排平房，都变成高耸入云的楼宇。就连好多年前，在某个黄昏躲在树后悄悄拉手的男女生，他们的孩子也快上中学了。树们一定也感慨万千，说这个世界变化太快了。是啊，一切都发展得太快了，它似乎要淘汰一些什么，或者故意落下些什么。

这些树，圈在校园里，一天到晚跟学生在一起。学生跑操，它们也一定跟着跑了很多年。一届又一届的学生，每天重复喊着相同的号子：一——，二——，三——，四——，这铿锵的声韵，已经成了树们血液的一部分。听着这些有节奏的律动，它们的血脉一定贲张奔涌，所以，活在校园里的树，不会老气横秋，不会世故，只会永远地青春下去。

也许，百年后，这些树还在，它们早已成了学校历史和底蕴的一部分。也许，某次改造，它们就会被铲除，一棵不剩。当然了，到了这个地步，树倒下的时候，一定会发出“啪”的声响。

我想，即使树们不说话，它们也会以自己的方式，打所有急功近利的时代的脸。

这样的清晨与黄昏

有蝶翩跹的早晨

初秋的清晨，五点四十的光景，没有风。一只白色的蝴蝶翩跹在单位花园一串粉白的花蕾上。

我愕然。

昏暗，空阔，寂寥，清冷，了无生气。这就是我惯见甚至厌见了的清晨。我一直以为，醒在这个时段的生命大约都活得很糟糕。譬如，彻夜失眠的人，为改变生活而不停奔波的人，失去了健康之后才懂得珍爱生命的人。这些人，心中大抵有着一份无法言说的苦楚，他们不是醒在每一个早晨，而是挣扎在每一个早晨。

然而一只蝴蝶居然也起得这么早！你看，它的翅膀，仅有指甲肚大小，纤弱，而且古旧得有些黯淡。可是，它的轻微扇动，竟让平素惯见了的早晨变得如此生动。

它翩跹着，在一片翠叶上停下来，继而飞起。然后又在另一个花苞上站定，继而再飞起。起起落落之间，园子静寂无声。但我分明感受到了一种盎然的生机，一种说不出的情趣。我仿佛听到了生命与生命邂逅之后的寒暄、相遇之后的问候，温暖，清新，而又真切。这细小的韵律中，激荡着生命宏大的交响。这个清晨的园子，在静美中，升腾着温情的气象。

这只蝴蝶的出现，一下子触动了我。它像突然闯入我心扉的一个灵动的符号，给我带来莫名的愉悦和激动。它让我知道，原来，在晨曦的昏黑与寂寥中，还会有这样一份美好与我们相伴。

那么，在我们曾经活过的岁月中，在我们未曾留意过的地方，一路人生，也许，始终有着这样一份美好悄悄地相伴在我们的左右。只是，忧虑、悲苦、烦恼、孤寂过早地来到生命当中，纠缠着我们，折磨着我们，让我们无暇发现它们、顾及它们，从而错过了，也辜负了。

是的，只要我们肯从自我的烦乱中理出一份心绪，细细地观察，慢慢地品味，就会惊讶地发现，生活的美好，就近在我们一转身、一低首的地方。

暖风醉人的黄昏

黄昏，晚春，有风的黄昏。

街两边的梧桐，绿得正酽，是欲滴的酽。风吹在脸上，像婴儿小手的轻抚，痒痒的，酥酥的，暖暖的，却在似有若无之间，像笼着轻纱的梦境。

华灯初上。这座小城新修的东风大道上，已经有了不少出来遛弯的人，有携手并行的，有前后相随的，都在谈笑间、眉宇上流转着人间烟火的美。

我也夹杂其中。

紧邻大道边，有寥落的几个长椅，一对老夫妇紧依着坐在长椅上，满头的银发，在灯火的光晕中显得格外耀眼醒目。

我经过他们身边的时候，丈夫像是自言自语，又像是对夫人说："多好的夜晚啊！"老妇人随口应和道："是啊，多暖和的风，好好享受啊！"

那一刻，这对紧紧依偎的夫妇给了我深深的触动。什么是尘世的幸福呢？也许，最真的幸福就是能够平平安安健健康康地相伴到老，然后在这样的黄昏里，在这样的轻风中，相偎着说一句："多好的夜晚，多好的风啊！"

看管好自己

白岩松有一次说，在五十岁的这个年龄段上，他的体型就算不错的了。中国的男人，一到这个年龄，难免就要发福，觍着肥脸，挺着大肚，样子十分难看。他还说，他每天都要跑步，每周都要踢一次足球比赛，而且还是跟专业的队员踢，对于锻炼，绝非走个过场了事。

他说这句话的时候，我顺便看了一眼自己的肚子，还是颇有些尴尬。说实在的，这些年我虽然不踢球，但是一直坚持打乒乓球和游泳。好在照照镜子，还不至于肥头大耳，沦落至大款或伙夫形象。白岩松的意思是，人要活得自律，保持好的体型，既是对自己的尊重，也是对其他人的尊重。

这话好说，可做起来还是很难的。你让我多锻炼可以，少吃饭或不吃饭做不到啊，饿得头晕眼花，伤的不是风雅，而是活着的质量啊！

抖音上，东北赵四说了个段子，有个人特别嗜酒，嗜酒到什么程度呢？赵四说，这个人要是能戒了酒，他就能戒了饭。

怎么回事呢？

酒桌上，大家都躲着他，根本没人敢跟他叫酒，结果呢，他见无人搭理，就找茬儿自罚。

你说，这玩意儿多厉害。

对于喝酒，我见过最自律的，是一个大爷，每顿饭只喝一盅酒，从不多喝。即便家里来了重要客人，他也不多喝，只是眼神微醺，看着别人喝。他说，一杯就够了，一杯粮食酒下肚，五脏六腑都是舒服的。这么多年了，大爷声朗气润，身体也没闹过啥毛病。有人说酒养的，我信。

这个世界，喝酒的人不少，像这般沾了酒的光的，真的不多。

人有了钱之后，就不好说有时间读书了。

当然了，没钱的人也不读书。问题是，有钱人必须装着看过点书，这样不至于精神上显得贫穷。但花不完的钱，或为了挣更多花不完的钱，让有钱人忙于各种谈判，忙于各种应酬，忙于各种奢靡和灯红酒绿。他们只好买来各种豪华本的书，摆放在书柜里，只是连每天往书柜扫一眼的工夫都没有。

也因此，富人很多，富贵的人却很少。更多的人，是富而不贵。

真正的贵，是精神上的富有。一个家族让自身的富贵走过三代，甚至走向更远，必然不是传下去了钱，而是传下去了厚实的底蕴。李嘉诚每天要工作十七八个小时，可是他从未停止过读书。他说："我晚上一定会看书。如果我有一个小时，即使是睡不够，迟睡，我也一定要看书。"

那些身家跟李嘉诚差不多的富翁，他们比不过李嘉诚，最终差下的，或许就是睡前的这点时间。

也许，可以这么理解，越是真正的有钱人，越自律。他们懂得，如果富有让一个人走向了为所欲为，这样的富有不会长久，这样的钱，也必然散得最快。

一位编辑朋友曾经讲到过他的高中班主任老师。

他说，他对自律最深刻的认识源于老师的一句话。上学的某一天，他以为老师不会到教室来了，就和同桌肆无忌惮玩了起来。结果被老师发现，叫出去批评了一顿。老师说，你是班长，又是年级优秀的学生，什么是优秀，优秀不是要谁监督的，也不是表演给谁看的，而是身处暗室，内外统一。

"身处暗室，内外统一。"这八个字，像一束光照到他的内心里。

他突然联想到此前的一件事。暑假放假，同学们走光了，老师们也都离开。他因为一本书落到了宿舍，而返回了学校。等他走到宿舍楼三楼的时候，空空的楼道里，一个人正把几个拖把联排在一起，擦楼道的地板，而这个人，就是他的班主任张老师。

张老师是学校的名师。在很多场合，他都见识过老师不一样的地方。然而，像那天的场景，他知道，如果他不回去，没有人会看见。

他说，就从那八个字起，他明白了自律是怎么一回事。他还说，其实，这个世界上的好多事都跟别人没有关系。那些成就了自己的人，一定是打败了另一个自己。

还是忘了吧

多年前，我读到一个惊心动魄的句子，说有一个女子走着走着，猛地想起了她的初恋情人，于是，“她在人潮人海的大街上，突然蹲下去，抱头痛哭”……

我想，那一刻，她的世界已经没有了别人，不，连她自己也没有了。天地之间，一切都消失了，只剩下那个想念的人。

没有这般锥心地痛过，一定没有深切地爱过。

有一个故事说，一位老知青回到了曾经下乡插队的北大荒，当他找到那个已经废弃已久的火车站后，竟然“扑通”一声跪倒，趴在地上，呜呜咽咽长哭不起。一边哭，还一边喊着一个陌生女子的名字。

陪伴在身边的，是他的儿女。儿女们也都是成家立业的人了，但他全然不顾，依然一把鼻涕一把泪的。原来，那一年，就是在这个小火车站，他和相恋的农村女孩别离，一个回城，一个在乡下，从此天涯永隔。

他不知道那个女孩现在生活得怎样了，因为别后再无音信。这次回来，他并不是想见到她，当然了，他也不敢见她。这不是一场救赎之旅，用他的话说，“回来看一看，就是死，也无憾了”。

还有一个故事更为离奇。二十世纪，一个士兵临入伍的时候，把爱妻的照片装在钱夹里。此后，穿越枪林弹雨，一次次与死神擦肩而过。每每觉得自己坚持不下去的时候，他就会拿出妻子的照片来看看。看完后，再把钱夹认认真真地装在贴近胸口的口袋里。战争打了很多年，他也辗转了很多的地方。最后，他到了台湾。

到了台湾的他，更加思念大陆的亲人。他每天都会拿出妻子的照片来端详，每每端详的时候，都会念叨同一句话：“唉，我都想不起她长什么样了。”有人不解说，你手里不是有照片吗？怎么会想不起长得什么样呢？

他不解释，依旧这么念叨着，傻了一般。懂的人都说，他这是想痴了。

人间至痛，也不过生离死别。而有的生离，恍若死别。只是因为，有时候一转身，这个人也许就一辈子再也见不到了。

过往，你和他，就像是在月球或火星上见过。然后，你回到了地球，而他，没了踪影。

有时候真的没法解释，有些无关紧要的人和事，不用怎么

自己这里过得去，别人那里也过得去，

于己无害，于人无伤，便是人间凡事。

想，就细节丰富地呈现在眼前了。而你和那个相爱的人，曾经有过那么多刻骨铭心的过往，最后，竟然连他的面庞都想不起来。是忘记了吗？不，是太想记住了，然后才无论如何也想不起来。这看起来像是惩罚，又像是安慰。是的，如果一个人总是那么真切地活在过去，将会多么痛苦！

时光说，你就忘了吧。当然了，时光不会说。无论你在心底里有多么不想忘，也终会在某一天含着泪说：

“唉，还是忘了吧！”

“花儿”满笸箩

年根，照例，家里要多做些年节下的储备食物，冷藏在闲房里。

母亲把当年上好的谷米在碾坊里碾得细细的，准备做一种当地方言叫作“花儿”的食物。若干年后，当我在中原腹地的集市上，看到一种叫“炉糕”的食物时，不禁在心底“噫”了一声，这不就是母亲摊的“花儿”嘛！

这种呼应，是美食间最好的翻译。

米面中加入适量的玉米面粉，和好。这过程中，要加点发面起子，好像还要把面盆放在炕头温热一会儿。然后，母亲喊我，小子，来，烧火。我便屁颠屁颠地坐在灶火膛前，听从她的吩咐。

母亲夸我的火烧得好，不大不小，不糊锅。我愈发想展示我的烧火功夫，眼睛死死地盯着灶膛，慢拉风箱，缓添柴火——鼓励就是管用，母亲才是真正的教育大师。

听得“刺啦”一声，母亲开始在锅底抹油了，油被高温激发后，散发出植物原本的清香，我猛烈地吸了一下鼻子。仪式开始了，金黄的米糊开始被母亲一勺一勺倒入锅底，母亲的姿势极艺术，仿佛是在画画儿，又仿佛是在写书法，行云流水一般，花儿的薄厚以及均匀度，全在母亲胳臂一勾一甩之后，点面的布局和勾画上。

火候差不多了，开始翻面儿。翻过面儿的花儿，颜色焦黄，令人垂涎。另一面也不过再用一两分钟，就可以出锅了。出锅后，我先咬一口，哎呀真香。

我在咂嘴，母亲在笑。

整整一个上午，家里差不多要摊下一笸箩的花儿。然后，父亲和母亲将其抬到东边的闲房里。寒冬腊月，闲房里比冷库还保鲜，这些花儿什么时候馏着吃，都像刚出锅一样糯香，而又不失筋道。

除了摊花儿，母亲还要蒸下许多山药鱼儿，炸下许多油饼果子。整个闲房里，堆得到处都是。瓮里，盛着几锅豆腐，架子上，摞着各种宽粉条细粉条，再加上梁间悬挂着的猪肉，这阵势，这场景，就觉得年过得要和皇帝他们家一样一样的。每次母亲去闲房取这些年货，我都要跟在后面，幸福满满地巡视一番。

一晃多少年，那间闲房早已荡然无存了。但母亲在，年的感觉就永远在。

懂得

大约是1984年的夏天，我正上初中。某一天，化学课上，老师正在聚精会神地讲课，突然，教室外有个身影晃了一下。

接着，一个人向教室里张望，一边张望还一边轻声喊：“小子，小子。”

像极了寻常的场景，我漫不经心地等着某个学生的回应。也就是瞬息之间，我发现，来的人是父亲，穿一件洗得有点发白的蓝布褂，瘦瘦的，面孔黄而黑。是的，是父亲！我“噌”一下站起来，一个箭步蹿出教室外。

那时候，我住校。从家到校，要走几十里的山路。父亲从没来学校看过我，那次也是唯一的一次。尽管这一次，也只是因为其他事顺便来的。但于我，足够惊喜，终生难忘。

父亲跟我交代了一些事，他就走了。我也赶紧往教室跑。“报告——”，站在教室门前，我声音响亮地向老师申请进班。这声音里，分明还有着刚才的激动。然而，化学老师仿佛没听见，依然精致地讲着他的课。“报告——”，每隔一段时间，我就向老师请示一次，连同学们也感到奇怪，纷纷看着我，也不知道老师是怎么啦。而我刚才的喜悦，就像经历了一场冷雨，一下子没了踪影，内心已由激动转成忐忑，甚至是恐慌。

老师仍然没有回应，仿佛我在向另一个星球喊报告。

不知过了多长时间，化学老师应了，但他没有立刻让我进去，而是几步跨到教室靠门的位置，声色俱厉地问我：“谁让你出去的！”

“我……”我不知道说什么好。的确，我是没经老师的同意跑出去的。

然后，是长时间的对峙。不，确切地说，老师用他细小的眼睛极为严厉地瞪着我，仿佛想用眼光把我摁倒。

那种寒光，划破几十年的光阴。

“你，你简直太随意！”末了，他狠狠地甩出这一句，才允许我进了教室。我想跟老师解释点什么，但是什么也没说出来，坐在座位上，泪却流了下来。

事情已经过去好多年了，如果能再让我解释的话，我的回答，一定是十三四岁时那一刻想到的四个字：情不自禁。是的，亲爱的老师，不是我不懂事，只是因为，我看到了父亲。

现在，我也教了书，对学生也严苛。但我知道，因为这件往事，我在学生那里，一定有着别人所看不见的慈悲和爱。

人世的所有慈悲和爱，都来自心底的一种懂得。

等风来

有过很奇特的等风经历。

秋天，大批的庄稼回到场院，垛得到处都是。女人们在切谷穗，男人们在碾场。

父亲就是个碾场的人。他站在场院的中心，牲口拉着碌碡，绕着父亲转。沉重的碌碡碾压过谷穗，饱满的谷粒就从细长的穗体脱离出来。碾到最后，上层是被碾压得扁平的谷穗，下面是一层厚厚的谷粒。

如何把谷粒从一堆杂合体中彻底地分离出来呢？答案是：扬场。

扬场需要风。用木锨把碾压后的所有混杂物高高扬到空中，谷粒会留下来，而那些轻盈的杂物就会随风飘远。

碾完场，把牲口喂好，父亲便坐在谷堆上，等风来。过一会儿，父亲就站起来扬一锨。没风。因为所有的东西都原封不

动地落在了地上。

父亲有些黯然地坐下来，继续等风。

西北的天空，一片湛蓝。太阳毒毒的，有些热。父亲不时地抬头望一眼天空，嘴里念叨句："风呢？"

父亲有些急。天气预报说，晚上有雨。这一场的谷子要是不扬出来，就可能泡了泥汤。

继续等吧。

父亲喊我，让我抓着一把土站在房顶上，慢慢往下漏。我爬上房，手里的土都线一般漏完了，还是没有风。

那一刻，我居然一点玩的感觉也没有。看看天，看看脸色凝重的父亲，心里有一种从没有过的感觉——空空的，是不见底的空。

等一场风，风不来。

天底下，等不来的东西，都显得那么珍贵。

内蒙古二人台有个剧目叫《十二月忙》，有一年县里的剧团到我们村表演，唱的正是这个剧目。一个女演员在上面悲戚地唱，我在下面啪嗒啪嗒落泪。

那一年，我还是个小屁孩。我落泪的场景，被一个舅舅看见了，他见我泪流满面的样子，远远地笑。整个戏台下，有好多人，但那天，就剩下了我俩的情景——他在笑，我在哭。

过后，他还认真地问我，你哭了？我说我没哭，他就又哈哈哈地笑。我乜斜了他一眼，他笑的样子太坏太狰狞。

其实，戏词我一点也不懂。我哭是因为妈妈总是哼这个调调。农闲的时候，妈妈坐在炕上，一边做着针线活，一边哼，声调低沉悲戚哀婉。每当这个时候，我就坐在妈妈一边，无助地看着她，敛声屏气，一动不动。

我觉得，妈妈心里一定苦得很。

好多年后，我发现，我当时触动的，是一个文学鉴赏的词汇：共鸣。我听懂了戏，只是因为，在很小的年纪里，我明白了母亲。

有几年，跑车拉煤特别挣钱。一个亲戚就跟我和姐姐借钱，准备买大车。借钱的时候，信誓旦旦，说："哥，姐，用不了半年，我就挣钱了，挣钱了，第一个就把你们的钱还了。"

果然很挣钱。跑煤那两年，净听到他出手阔绰的事。他倒是讲信用，没多久，就把姐姐的钱还上了。

姐姐说，如果有钱，也想着把你哥的钱还了。亲戚说，姐，我哥那儿的钱，我先不还呢。他现在也不着急花，他啥时候要我啥时候还他。你跟我哥说，让他别着急。

又过了几年，国家治理污染，跑煤不行了，亲戚赔了好多钱。这下可好，欠下的钱，几乎是不可能再还上了。

“我这儿塌下的窟窿多（欠的账多），这一时半会儿的，谁的也还不了，说给我哥，让他别着急。”遇到姐姐，他还是这句话。

不过，因为变穷了，他比以前说得更加理直气壮。

猫

冬夜。

狂风打着呼哨，撕扯着门前的几棵老杨树，经年的门窗，被刮得咣当乱响。我们一家人伏在被窝里，或睡，或寂寂地醒着，听院子里的北风，挂乱村庄头顶的星光，以及屋檐下的鼾声与梦境。

就在这时候，“喵——，喵——”，外面隐隐约约地起了几声猫叫。最先是母亲，像是自言自语，又像是和谁说：“外边，谁家的猫呀？”父亲翻了一个身，嘟囔了一句，接着便又睡去了。我睁开了眼睛，屋子里一片漆黑，感觉东一绺西一绺的，到处是风。我轻轻喊了声妈。“哦，你也没睡呢。”母亲胡乱应了我一句，接着说，“窗户外，也不知道谁家的猫，想进来呢。”

我仔细听了听，果然有。母亲开始窸窸窣窣地穿衣服，接着下了地，趿拉着鞋，吱呀一声开了门。一股寒气呼一下子冲进来，一瞬间，仿佛被人揭了被子，我不禁打了个寒战。母亲走出屋子外边，大风把关于母亲的所有声响都刮跑了，母亲在做什么，我不知道。我猛吸了一口凉气，想象着母亲在外边所做的一切。

不一会儿，母亲进来了，带进了一身的寒气。打开灯，母亲怀里多了一只猫。猫不大，却羸弱，身上有几处没了毛，样子很难看。母亲把它放在被窝上，猫趔趔趄趄的，站都站不稳。父亲睁开惺忪的睡眼，看了一眼猫，然后扫了一眼母亲，便又扭身睡去了。我伸手摸了猫的头一下，猫的身上真凉，看来它都快被寒风冻透了。谁知道，我就这么一碰它，它居然倒了。

它实在太虚弱了。

第二天，父亲怏怏地说，把这家伙扔了，人还不好活呢，谁愿伺候它。那时候，家里正穷，有点剩菜残羹都给了猪，谁都清楚，猪是一大家人经济的主要来源。母亲也没说什么，但也没有把猫扔了的动向。就这样，一只气息奄奄的猫，在我家暂住了下来。

母亲那些日子脖子下面无缘无故起了脓包，越来越大，吃了些消炎药，也不顶事。问了村里的医生，医生说只能吃药看看，没有别的办法。即便是几粒药，母亲也不舍得，一顿吃一顿不吃的。

父亲依旧气鼓鼓的。无论如何，他都看这只猫不顺眼，有几次粗声大气地呵斥它，吓得它躲在墙脚，低着头，蜷缩着身子不敢动。我和母亲都不说话，任凭父亲旁若无人地骂过。事后，我们还是丢一些吃的给它，它吃时，依旧胆小，低着头，不敢正眼看我们。

母亲的疙瘩开始蔓延到脖子的四周，越来越严重了。有人建议说，去县城的医院看看吧。那得花多少钱啊，母亲说死说活不肯去。母亲一辈子都没去过县城，她觉得，那个地方万万去不得。

又是一天晚上，一家人睡下。半夜时分，先是听得猫一声惨叫，然后便是母亲锐声骂猫的声音。我和父亲赶紧起来，见母亲脖子上的脓包被猫给抓破了，脓血流得到处都是。父亲突然气不打一处来，一脚踢出去，猫一声惨叫，被踢到了地下。然后，父亲坐在那里，又是一通高声大气的咒骂，说收留了这么一个祸根，活该这样。母亲一边啜泣，一边解释，说不知道怎么压了它一下，或许它被压痛了，就突然伸爪挠到了她的脖子上。母亲的意思是，这完全是一个意外。但父亲不管不顾，只是高声大气地骂。

第二天，一家人谁也不说话。那只猫，早没了踪影，也不知道跑到哪儿去了。但蹊跷的是，后来母亲脖子上的脓包竟越来越小，最后定了痂，痂掉后，就好了。

好多年以后，母亲说，那只猫救了她一命。父亲讪讪地说，那猫爪有毒，该是以毒攻毒吧。

吃大席

我很怕赴婚嫁的筵席，因为，一吃大席就饿得慌。

席面上，鸡鸭鱼肉，满满一桌。当然了，大家的肚子里不缺油水，没人跟你抢，自己也不矜持，想吃啥吃啥，但就是吃不饱。

如果不是情面上过不去，我宁愿在家喝粥。喝粥就咸菜，一会儿便肚子溜圆。这种吃饱喝足的感受，特别有地主老财的幸福感。

后来我发现，真正让自己吃饱的原因是，喝粥的时候，只是在喝粥，没有其他需要敷衍的事，也无须说那么多言不由衷的话，粥喝得安静熨帖。套用一句话就是：这饭吃到了肚子里。

看来，不愿同人虚与委蛇也是一个人的命。

有一年去北京，跟朋友去参加一个聚会。朋友的朋友是一位陕西的作家，聚会的酒馆也是陕西的乡党开的，场面浩大，一桌子的秦腔秦韵。

筵席是从下午五点开始的，流水席，来一拨人便是一轮推杯换盏，酒过三巡之后又是各种段子。我不喝酒，席间被敬无数次，然后解释无数次。在这样的场合，想做一个单纯的吃客很难，各种点头哈腰，各种唯唯称是，哪有风景可言。直坐得我腰酸屁股疼，一直到夜间十点多，才作鸟兽散。

回宾馆的路上，我谈及此间感受，朋友由衷诉苦。他说，人世多少不堪，其实都沦陷于此般无聊的周旋之中。

认识一个人，他不喜欢当官，也不喜欢当官的。有傲世之才，却活得跟个陶渊明似的。十年之前的同僚，好多人已位居他之上。大家都觉得他人不错，从大都市回来看他，他却冷冷地拒绝了，一点也不顾及情面。

他乐于做的事是，每天到集市上采购一块豆腐回来。清水煮豆腐，放适量葱花和盐，然后一口豆腐一口清酒，吃到酣畅处，把清酒嘬得嗞啦作响。书房养瘦竹数竿，晨起便伺候他的竹子，喝酒时与竹相对，还时不时吟唱几句类似“倚南窗以寄傲，审容膝之易安”的诗句。

有人言他清高，有人说他简单。他都笑笑，一概置之不理。一好心大哥看不下去，苦苦劝他，说这样一辈子下去，武功将尽废于日常。他说，有的人，天生就是活在繁华和荣光里的命，人家能迎来送往，能投怀送抱，能陈仓暗度，能八面玲

人世的所有慈悲和爱，
都来自心底的一种懂得。

珑，我做不来，自也就无福消受了。

“每个人，能做什么是他的命，而能做成什么是他的福。不求大福，安于我命，便是最好。”这是他经常念叨的话，也是他半辈子的写照。

汪曾祺先生有一篇《写字》文。他说，接连写几张字（书法），第一张大都不好，矜持拘谨。大概第三四张较好，因为笔放开了。写得太多了，也不好，容易“野”。写一上午字，有一张满意的就很不错了。有时一张都不好，也很别扭。那就收起笔砚，出去遛个弯儿去。写字本是遣兴，何必自寻烦恼。

每每读到这段文字，我觉得，字里行间都是不一般的人生余味。

幸福

什么是幸福呢？

有一年，我的鼻子上长了个疮包，开始我以为是个粉刺，就随便一挤，结果，它迅速肿大起来，两三倍于原来的样子。

对于这样的感染，医生的说法很形象，它“怒”了。

涂了好多种药膏也不顶事，总是好好坏坏的。生活一下子变得不方便起来。洗脸要避开它，手巾左脸抹一把，右脸抹一把，就算是洗了脸。洗澡更是不可能。正赶上是个夏天，觉得自己都快臭了。有一次，实在没办法了，就头上套了个塑料袋，洗了个澡。但也要把手搭在鼻子上方，生怕水流的冲击刺激到它。反正，一个澡洗下来，疙疙瘩瘩的，诸般不快。

问题的关键是，即便这样小心伺候，它也总是不好。每天鼻子上顶着一个疮包，还得上班上课。它仿佛是蹲在鼻子上的一个大爷，让人奈何不得。我甚至想，难道它这辈子都要蹲在我鼻子上吗?

去北戴河旅游，大家在海里嬉戏，我心一横，想，反正也不好，管它呢！也一个猛子扎在海里，畅游起来。那天，在海里泡了差不多两小时，上岸之后，大家惊呼，嘿，好像你鼻子上的那个家伙小了很多。我对镜自照，也惊喜不已，觉得海水消炎就是厉害。

随后几天，我有空就泡在海水里，不为别的，只为它能快快好起来。

大约待了四五天，临返程的时候，它已经足够小了，心中以为它会就此偃旗息鼓，哪曾料到，还没到了家，就又鼓胀起来，一如先前。苍天啊，这是要我日日泡在海水里才能消停的节奏吗?！

每天早上醒来的第一件事，就是闭上一只眼，再眯缝上另一只眼，用这只眼的余光，扫描一下疮包的高耸程度。这简直是一座山，不是压在我的鼻子上，而是压在我的日常生活上。不能洗脸，也不必见人了，它已经严重影响了我的心情。以镜子观其性状，用手摸验其大小，小则喜，大则哀，一天到晚，它成了生活的重心和全部。

久疮成医。有一天，试着把一种消炎的针剂融在酒精里，然后，用镊子夹酒精棉球饱蘸液体，放在疮包部位一刻钟，一天三次。果然，它渐渐小了下来。后来居然结痂了，痂落，我终于活回了原来的自己。

痛快地洗第一次脸时，我故意大幅度在脸上做动作，再也不用担心什么了。再不用遮遮掩掩地洗澡了，一口气冲上两三个澡，狠狠地，像是对过往的报复。什么是幸福，幸福就是你能痛快地洗脸，痛快地洗澡。

人生类似的幸福，恐怕多不胜数吧。有时候，真的不是非要得到什么，没了纠缠和滋扰你的东西，就是幸福。

游泳记

我想，一个在江边或海边长大的人，是断不会写《游泳记》的。你想想，就像吃饭睡觉一样平常的一件事，有什么可说的呢。如果非得写点什么的话，一定是说自己水性极好，是“浪里白条”，或者可以“弄潮儿在涛头立，手把红旗旗不湿”之类。总之，是作为绝技来炫耀的。

写《游泳记》的，一定是旱鸭子。如我这般，活到一把年纪了，突然把游泳给学会了，于是，喜不自胜，记录点滴。

哈哈哈，哈哈哈哈。

有一年，去西湖玩。西湖人头攒动，波光潋滟，美不胜收。但我不敢往前凑，生怕被人挤掉下水去。那一刻，心想，要是会游泳该多好啊。那样的话，可以距湖水更近一点，一则可以与湖水亲近，二则可以显摆自己的勇敢。多好的湖，隔着距离看，自己也会把自己给搞生分了。

我所居住的小城，有一条河叫潴龙河。那几年，年年上游水库放水，总有村民凭恃自己会游泳，要么抓鱼，要么玩水，然后，便总有溺亡的事情发生。人常说，淹死的都是会水的。每每这时，就会庆幸自己不会游泳，不然与人争强斗狠，说不定也会“逝者如斯夫”了。

人有时候特别奇怪。觉得一件事该干，会有一万个理由。觉得一件事不该干，也会有一万个理由。所以，见一个人特别犟，你应该笑笑。因为，在这个人身上，你会看到某一刻的自己。

本以为这辈子也不会游泳了。所有的记忆，只会定格在小时候的某个黄昏，与一帮小伙伴光屁股站在沤麻的坑边，“扑通”跳下去，水不过腰，嬉戏一番，然后，夕阳西下，意兴阑珊，满身泥水回家去。

几年前的夏天，接送儿子学游泳，认识了他的游泳教练。惴惴递过去一句：“像我这个岁数的，还能学游泳吗？”答曰：“七八十学都没问题。”教练几乎都没用正眼看我，似乎觉得这原本不应该是个问题。

然后又是一句，说有一个女的学游泳，前五天下水，每天都在水里瑟瑟发抖，后来就学会了，后来可以来回游十多圈。教练的言外之意是，难道你还不如一个女的？！

和朋友交了费，就开始正式学游泳了。先学换气，再学

漂。见身边妇孺，个个如过江之鲫，一个大老爷们还在学换气，真还是有点不好意思。好在泳帽泳镜泳衣包裹在身，一般人未必知道你是谁，所以也就不管不顾了，水下呼气，水上吸气，“咕噜噜——啪”，“咕噜噜——啪”……这期间，教练还不断地鼓励：“要想学会游泳，就得不怕喝水，没事，无论喝多少，不和你要钱的。”

都说人过四十不学艺，以前不懂这句话。现在有一点明白了，就是这把年纪学艺，有些东西已经不堪承受了。比如，教练吓唬一个孩子，说这个动作应该如何如何，声音大而居高临下。把这般语气平移到自己这里来，甚或语调还要缓和一些，也已经不耐受了。总觉得，都这么大个人啦，还得像个孩子似的受人指使和摆弄，脸上有点搁不住。

于是，就像成绩欠佳的学生，并不乐于见老师。教练也许看出了某种情绪，也就由着我们去了。好在身边有好多“乐为人师”的，那些会游泳的，不管认识不认识，都会过来热心指导。如何漂起来，如何蹬腿，如何换气，凡此种种，尽管每个人的观点不尽相同，但火热的心是相同的。

这时候，也不分谁是当官的了，谁家有钱有势了。人在几乎赤裸的时候，内心是最平和的。是啊，谁比谁有钱也看不出来了，谁比谁权力大也显示不出来了，在泳池里，只有两种人：会游泳的和不会游泳的。

来的次数多了，大家彼此也就熟悉了。但也就是面孔熟悉而已，谁也不会主动打探人家姓甚名谁，仙居何方，干什么工作，挣多少钱，有哪些背景。本质上，彼此是陌生的。也因为这样的陌生，相互才显得亲近和亲切，谁也不用巴结谁，也不用防着谁，大家其乐陶陶。

泳池里的世界，才是大同世界。三人游，则必有我师。有见你不会的，会很快凑上来，热心教你。个个嗓门儿都大，教个姿势，就像跟你吵架似的。“你看着啊，换气——蹬腿——夹水，不是刚才跟你说了，蹬腿要用力嘛，要像我这样。”说完，对方便钻进水里，双腿打开，使劲蹬出去。末了，还不忘回看你一眼，看你是不是在看着他。

某小伙子，小时候在河里被水呛过，心里有阴影，总是学不会。有位大哥每天手把手地无偿教他，还不断做着心理辅导。后来小伙子终于学会了，大家惊诧的不是这个，而是那位大哥原来参加过全国游泳比赛，还拿过奖牌。谁能想到，这小小的游泳池竟然也藏龙卧虎，大隐隐于泳池间。

经常在下午，见到一个老人，他的泳姿很特别，那就是坐着游。我曾仔细观察过，他的坐姿微微倾斜，只双脚和手在水里轻轻摆动，就可以前进。

他觉得我好奇，就说，这水啊，其实最亲近人。只要你的手和脚动弹着点，就不会沉下去。当然了，前提是你的全身要放松。你看那些溺水的人，也许水并没有多深，一紧张，一扑腾，准玩儿完。

老先生说，一九六几年发大水，那时候他正年轻，一个人被水淹死了，他一个猛子扎下去，就把尸体给捞上来了。他说，那水有漩涡啊，整不好自己也就淹进去了。他就是仗着水性好，憋一口气下去，拽着死人的胳臂七蹬八蹬地就把他拉上岸了。老先生一边说，一边还游着他的“坐泳”，人生往事浮在脸上，素淡如常。

有一个女子，三十几岁年龄，隔三岔五见她去，却总站在浅水区，羡慕地看着来来回回游着的人。每遇到见过几面的“熟”人，就会“呀”一声，说“真好，几天没见，你都游这么好了”。抑或见有人在教别人，她就认真地站在旁边听，听完就往水里一趴一漂，认真地蹬腿夹水，重复地练习着。

知道的人都说，她学游泳已经很长时间了，好像总是学不会。但她依然去，去了之后，就站在浅水区，羡慕地看着来来往往的人。熟人见了面，也跟她打招呼，但似乎没有一个人转过身后，说她笨或嘲笑她的。泳池里的世界，真是个宽容祥和的世界。当然了，最喜欢的，还是她站在池边时不时发出的啧啧赞叹声：“呀，真好，几天不见，你都游得这么好了!”

无论什么时候听到，这句话都很悦耳，就觉得，游泳池这个小世界，真的不平凡。

母校的时光

1992年秋，天高云淡，我走进师专中文系，分在1班，宿舍是男生楼307。

我尽可能把它说得详细些，不是想证明我的身份，而是想表达我的骄傲。人这一辈子活多长时间，不在你活了多大岁数，能记起来的日子，才算是真正活过的。现在回想师专的三年，那何止是一千个日日夜夜。

说实话，刚踏进校门的时候，我还有些犹疑。从门洞进去，又踅身转了出来。我心想，大门呢？寻寻觅觅找不到，只好举头四顾心茫然。没办法，进去吧，没几步，就是宿舍，再没几步，就是教学楼。一抬头，是蓝蓝的天。

这就是我的大学。

小小的校园，小小的楼宇，小小的食堂，小小的307，还有小小的我。一只鸟，倘若从喧嚣的五一路飞进来，一头扎进校园的宁谧中了，一转身便又重回喧嚣。是的，连宁谧也是小小的，透着不足为外人道也的羞涩。这里，脚步是稀的，人影是疏的，呼吸是静的，笑脸是暖的，寂寞是深的。印象中，只在午餐或晚餐后，小径上才穿梭着许许多多打水的学生，我们趴在307的窗台上，看过往的人，碰上美女，也会冷不丁地喊上一嗓子。

这里干不了别的，只能做做学问。

我在我的好多篇文章中，都曾经谈到过图书馆三层的那个阅览室。每晚，阅览室的门外都等着许多占座位的同学。因为，那个小小的屋子里，座位实在有限。有一次，一个男生摆弄着手中的钥匙，隔着老远喊："来，让一让，我开门。"大家都以为是老师来了，给他让出一条道。然而，等他走到最靠门的地方，突然没了动静。大家才知道，是上了当。有女生窃窃骂一句"讨厌"，男生依旧厚着脸皮待着——那时候，抢个座，多不容易啊。

对我影响较大的，除了这个阅览室，还有就是那张《张家口师专报》了。当时，报纸有一个副刊，每期都有一些学生在上面发表作品。我当时的心里，萌动着一个愿望，是的，很小很小的愿望——在毕业之前，一定要在这张报纸上发表一篇文章。然后把这张报纸藏在箱子里，隔几年就翻出来看看，心底说一句，看，我也在报纸上写过文章。

现在看起来，人在内心里能有一个小小的目标去追，是多么重要。当时，教写作的，一个是姜宇清老师，坝上人，豪爽；一个是刘荣林老师，刘老师好像是邯郸人，我现在还记得他用浓重的方言在课堂上读他写的小诗的情景。我写了文章，常常找他们去评点。两位老师都很耐心，而且多有鼓励之语。

当时，真的有些痴迷了，每天都在写。我在我的一篇文章中写道："晚上，我趴在教室的桌子上，一个人苦思冥想。头顶日光灯的'刺刺'声很特别，像一盆水泼在新修的水泥地上，发出的贪婪的声响。我爱听这种声音，空空的教室里，只有这种声音陪伴着我，像是为我弱弱地助威，又像是哧哧地取笑我。我都不管它，只拿它当朋友，在寂寞中，这也是最好的朋友。"是的，当时，我只有一个念头，一定要把自己的名字，在师专报上变为铅字。

记得，当时师专报编辑部在行政楼三楼的某一个小屋子里，曾经投过几次稿。每次，系里发报纸的时候，心里都怦怦的，希望能看到自己的文章。但是，没有。后来，我把所写的文章给了市报、省报，都发了。当时《中国青年报》"青春热线"版有个"人生"栏目，发过我的好多随想录。每一个宁静的黄昏，我都要驻足在物理系二层小楼的报栏前，看看这一周的报纸，是否登载了自己的作品。印象中，那个时候的黄昏，夕阳特别好看，晚霞特别绚烂，柔美的光线沉静在五层大教学楼墙壁上，每一处都散发着温暖的光华。

我毕业的时候，师专报拿出整整一个版面来介绍我。我实现了当初的那个小小的愿望，然而正是这个愿望，却为我的人生打开了另一扇大门。这是后话，不讲。

记得那时候，我去传达室的次数也很多。传达室的老师都记住了我。有一年，我重返母校，在小径上，我正好碰上了传达室的那位女老师，她一眼认出了我，说："马德，我这里还有你的稿费呢。"随后，在她家那个逼仄的小屋子里，她拿出一个纸包，纸包里包着的，是几十块钱。她说，我给你取出来了，一直等着你。

谢谢你，老师。

谢谢你，我亲爱的母校。

真正的教养

有一次，傅雷给儿子写信："你素来有两个习惯：一是到别人家里，进了屋子，脱了大衣，却留着丝围巾；二是常常把手插在上衣口袋里，或是裤袋里。这两件都不合西洋的礼貌。围巾必须和大衣一同脱在衣帽间，不穿大衣时，也要除去围巾。手插在上衣袋里比插在裤袋里更无礼貌，切忌切忌！何况还要使衣服走样，你所来往的圈子特别是有教育的圈子，一举一动务须特别留意。

"对客气的人，或是师长，或是老年人，说话时手要垂直，人要立直。你这种规矩成了习惯，一辈子都有好处。在饭桌上，两手不拿刀叉时，也要平放在桌面上，不能放在桌下，搁在自己腿上或膝盖上。你只要留心别的有教养的青年就可知道。刀叉尤其不要掉在盘下，叮叮当当的。

"出台行礼或谢幕，面部表情要温和，切勿像过去那样太严肃。这与群众情绪大有关系，应及时注意。只要不急，心里放平静些，表情自然会和缓。”

类似的教子细节，《傅雷家书》中比比皆是。我记得，小时候，父亲也教导我说，去亲戚家吃饭，大人不动筷子，小孩就不要动筷子；吃菜要吃靠近自己的菜，不要伸胳臂够远处的菜，要从盘子边缘的菜吃起，不要在盘子里乱搅动；还有，碗里的饭必须吃完了，一个米粒也不能剩，否则就是对主人家的不敬。

记得，有一次走亲戚，对方特别好客，一碗饭吃完的时候，几乎都要饱了，亲戚怕吃不饱，又岗尖地给盛了一碗。我咬着牙往下吃，一口饭在嘴里嚼过来嚼过去，就是咽不下去。最后，总算吃完了，却撑得眼都冒绿光了。

好的教养，必然来自好的家庭教育。父亲教给我的，一直影响到现在。自我感觉，在场合里，能说得过去，未必让谁喜欢，但一定不至于让人厌恶。倒是在交往中，容易看到了他人的一些不礼貌行为，有时候真想上去提醒一下，又怕这种唐突本身就是一种不礼貌。但自己是真切的痛苦。譬如，当你看到一个人抽了烟，朝着饭桌“噗”的一声，把嘴里的烟泡都吹在饭菜上；当你看到一个人，在盘子里搅过来翻过去，挑拣着自己想吃的东西；当你看到一个人在饭局上，堂而皇之地抬起屁股，毫不客气地释放自己的尾气。这时候，你觉得，一桌子的饭菜再可口，也不值得吃了。

旧时，为谁提亲，总要向一个知根知底的人，打听对方的父母为人处世怎么样，跟乡里四邻相处得如何。如果听说对方父母与乡邻不睦、刁蛮、爱占小便宜，无论孩子多优秀，这门亲事也会搁置起来。是的，父母对孩子的影响是根深蒂固的。好的父母，熏陶出来的子女不会差。

我从前教过一个学生，见了老师，不仅要打招呼，还要身子微微地做鞠躬状。有时候，手里抱着东西，很不方便了，依然要鞠躬问好。她不仅对教她的老师这样，对不认识的老师也这样。这个孩子给我留下的印象极好。

有一次，这个孩子患感冒回家休息了两天。其实，那两天讲的内容不是十分重要。她回来后，我还是细致地为她补了功课。如果别人尚且值得补的话，我认为这个学生更值得补。

真正的教养，必然是骨子里的东西。有一次，我从杭州坐T32列车回家，车过德州的时候，是早上四五点，同软卧的一个女孩下车，她在自己的床上窸窸窣窣地收拾了一番，然后蹑手蹑脚地出去。等到天亮，我发现，她睡过的地方，被子叠得像豆腐块，被单抻得整整齐齐，收拾得一尘不染。

教养，本质上是自我精神世界的洁癖，它是生活中的一种自然流露，跟是否有人在场没有关系。

正如，在餐厅吃饭，好多人在高声大气地说话，乱成一团糟。然而，你发现，角落里，有两个人也在谈话，却把声音压得低低的。他们没有埋怨别人，也没有因为别人而改变自己。这应该算是真正的教养吧。

在给予自己的慈悲里，
可以触摸到生命的温软。

正是你的好脾气，惯坏了别人

话说古代有一个富人，爱济贫，谁家有过不去的日子，总是送一斗米过去。

虽说是富人，但也勒紧腰带过日子，从来不糟蹋一分钱。左邻右舍，乃至一村上下，差不多都受过他的恩泽。

有个人穷得要死了，但咬牙坚持挺着，他知道富人会过来帮助他的。然而，左等不来右等不来，等着一斗米下锅的穷人就这样绝望地死掉了。

对于这条死讯，大家既没有埋怨社会，也没有埋怨穷人，几乎众口一词，说要是富人早点把这一斗米送过来，或许人就死不了。

这个故事的结局是，几乎所有的人都没有错，而平素喜欢救济人的富人，却成了罪人。

还有两个现代版的故事。

二人在同一个单位里，都有点小职位。甲脾气好，谁来电话就赶紧接了，生怕耽误了别人的事。乙呢，有点臭架子，不爱接别人的电话。无论谁打进去，“嘟嘟嘟”响好多声，就是不接。

大家都喜欢甲而憎恶乙。

但甲总有漏接电话的时候。打电话的人就很不高兴，嘴里骂骂咧咧的：“哼，谁的电话都接，轮到我这儿就不行，什么东西！”

乙呢，偶尔也会接次电话。打通的人，就有点感激涕零，心里嘀咕：“谁说乙不行，这不也好着呢吗？现在的人心思，总习惯把人想歪了。”

生活一天天继续，但好坏并不因缘果报。事实上，甲最后得罪了一批人，而乙最终赢得了一些人。

另一个故事是，刘女士跟她处了二十多年的闺密闹崩了，她哭哭啼啼地伤心了很久。她哭的原因，不是不愿失去闺密，而是内心的委屈无处诉说。

她说，她们是大学同学，本来不是一个系，因为长得像她的姐姐，所以走到了一起。闺密人很聪明，灵透，就是有点小自私。“这么多年，我总是想，我多吃点亏，怎么也能感化她。二十多年了，铁石心肠也焐热了，可是她一点变化也没有，总是我吃亏，总是我让着她才行。”刘女士有些激愤。

“这次闹崩，也只是因为我想跟她摊开了说说，结果她说我羞辱了她。她还说我变了，开始变得计较了。是的，以前二十年，我没跟她说过一个不字。都怨我，把她给惯坏了！”

是啊，多值钱的东西，便宜给出去，都会一文不值。别说刘女士，无论是谁，用二十年时间，全天候地把自己所有的好都给一个人，即便对方是一个善良而懂得感恩的人，久而久之也会不当回事。

更何况，你给予的，是这么一个自私的人呢！

要学会有所保留才行。最好的状态是，你予人的好，是别人蹦一蹦才能够得到的，这样对方才珍视和善待。也就是说，只有这一刻，你的善良才停驻在了最合适的地方，你的好才会珍贵而有意义。

自律

如果你有一个假期，每天的状况是，早上不起，晚上不睡，吃饭也没准儿，有一顿没一顿，饥一顿饱一顿，也就是说，你不像上班的时候那么生活有规律，这样的假期本身，不是休息，而是对身体的摧残。

而我，就是这样一个人。其实，生物钟早就叫醒了自己，一想是假期，翻身就是一个回笼觉，再醒来都八九点了。既然误点了，也就不吃早饭了，既然误了早餐，索性也就不辜负整个上午，于是又一觉，睡到十一点多——早饭，只好从午饭开始。

有时候，也会自我安慰：好歹有了假期，不认真睡觉，干吗自己跟自己过不去啊！其实，这不过是对自己无力自律的辩解和纵容。

原来有一个同事，每天五点半起床，刮风下雨他也这样。

用他的话说，这是小时候早起放羊落下的毛病，到了点就睡不着了，睡不着就得起。不过，他早起既不是“黎明即起，洒扫庭除”，也不是焚香沐手读书，起来没事就待着。他说，有一次实在没事干，打开电脑玩了几局游戏，才吃饭上班去了。虽然这样有点可惜了，但依然对他雷打不动的习惯佩服，因为对一个赖床的人说，无论人家起来干什么，都仰慕得不行。

一句话，你做不到的事情，人家做到了，你就得服，不服不行。

有一个朋友，他起得更早，凌晨四点半就起床，也是天天如此。不过，他起来是读书，或者写文章，用他的话说，这个时间段最安静，适合思考一些事，更容易与“天地精神相往来”。天亮起来之后，他就会放下手头事，去早市赶集，他说科比见过洛杉矶凌晨四点的样子，他见过菜市场早市的春夏秋冬。买回一天需要的新鲜蔬菜，他就着手做早饭，等到媳妇起床了，他的早饭也刚刚做好。

当然了，他睡得也足够早。有一年，我们在一起开笔会，晚饭后主办方有一个小型歌会，大家一起秀歌喉，结果这位老兄困得东倒西歪的。他说，他已习惯于早睡，这么晚了，可真受不了。其实，那一刻，也不过是晚上十点多钟。

朋友原来是公务员，后来辞职自己干。自己干的最大好处是自由，最大坏处也是自由，人太自由了之后，要是管不了自己，也就完了。这是朋友常说的一句话。这一晃，他已经出来干二十多了，日子经营得有声有色。

写过《挪威的森林》的日本作家村上春树，坚持跑步35年，没有强大的自律是坚持不了这么久的。为此，他还写了一本书，叫《当我谈跑步时，我谈些什么》，很畅销。马云和马化腾能走到现在，在商界叱咤风云，必然跟他们的自律是分不开的。别的不说，如果他们任由自己胡吃海喝，不注意锻炼，公司变形不变形不知道，身体肯定变形了。我们身边也不乏一些“小财主”，刚挣个千八百万就不知道怎么活了，美女豪车声色犬马，媳妇也不要了，家也不要了，没几天，钱糟践完了，人家是“绚烂之极归于平淡”，他们是“绚烂之极归于完蛋”。

从这个意义上说，古代那些自律的皇帝真了不得。“普天之下，莫非王土”，天下都是自己的，想要什么有什么，想干什么都可以任意妄为。但有些皇帝仍要夙兴夜寐日理万机，批没完没了的奏章，到民间察访百姓疾苦，结果自然是河清海晏，天下太平。

有一个自律的皇帝，是国家的幸事，是老百姓的福事。

多年之前，特别羡慕那些退了休的同事，觉得他们不必签到签退、不必坐班、不必评比、不必开会，一起遛个弯转个圈，悠闲自在一天就过去了。等自己上了点岁数，便开始惧怕退休。这种惧怕是因为自己开始看清了自己，知道如果没点事做，每天待在家里，不是躺着就是坐着，这样的日子，将会变得十分可怕。因为，退休的美好生活，不是简单的能早起，三餐不误，而是比上班的时候更有趣味，人生更有意义。

当然了，自律不是让自己完美无缺，而是最大程度地节制。自律不是说你一个懒觉不睡，而是要明白人活着不是为了睡懒觉。这种节制，不只是懂得要对自己好，而且还要懂得对别人好，对社会好，就是心底有规矩，胸中有乾坤，就是身处暗屋，守心如一。

这么说来，自律差不多就是一种修养了。

书房的气质是安静的

很怀念刚毕业的那段日子。那时，在偏远的乡村中学教书，学校分给一间单身宿舍，宿舍很简陋，却既是我的卧室，也是我的书房。

印象深刻的是冬天。学生们都回家了，老师们也不剩几个，校园里空荡荡的。我极喜这样一种寂静的氛围。把炉火捅得旺旺的，连接蜂窝煤炉子的，是一截火墙，火墙被烘烤得暖暖的，我便趴在这火墙上，一字一句，描摹自己的文学梦想。

屋外很冷，我却写得热血沸腾。

写累的时候，就读书。书不多，两小摞，都堆在床上枕边。记得有一段时间停电，便墨水瓶上粘根蜡烛，置在火墙角，然后靠着火墙，一页一页地读。外面的风打着呼哨，后背是热的，手脚是热的，内心是热的，好多书，读得我热泪盈眶。在那个偏远而贫瘠的地方，每个晚上，都觉得自己与天地精神相往来。有同学跟我念叨，说某某分到市里，某某转行到了某单位，混得如何如何云云，听过，笑笑，心中一念不起。

有书读，有文章写，足矣。那时候，活得安静而富有。

调到小城之后，单位盖房子，分到三室一厅。于是，就把有阳台的那间卧室，做了我的书房。书房里东西不多，一书橱，一桌，一椅，茶杯四五个而已。白天上班，晚上书房便是我的全部。前些时，看一采访，问人晚上时间怎么打发。有言日落而息的，有言遛弯遛狗的，有言打麻将的，有言看肥皂剧的，有言逍遥酒吧灯红酒绿的。算来，二十多年了，我的晚上，几乎都是在书房度过的。也不过四样事：读书、写字、喝茶、听音乐。斗室隔开外面的喧嚣，书房里极静，有时候，似乎可以听见花开，譬如，茉莉花“扑腾”就开了，香气碰鼻子。

能在书房里长年累月坐下来的人，必然是安静的。也唯如此，才算契合了书房的气质。一本又一本的书，安静读，才能读下去，才能读出况味，才能走进作家的心灵圣地。无数个夜晚，读着读着，我就把书放下来，对着作者的名字，想他该是怎样的一个人，写那么精彩的句子，塑造那么激荡人心的形象，或者有着那么深刻的思想。这样的人，简直是可以当仙去崇拜的。

其实无论做什么，做下来，做久了，作为也就有了。每天写一段话，二十年就是无数的句子。我觉得，一个作家，书房才是安置灵魂最久的地方。我不相信这个世界上有多少天才，能把一张沙发坐穿才是天才的前提。而这张沙发，必然不在酒楼，不在歌厅，不在名利场，不在庙堂，不在各种欲望升腾的地方。

二十年了，并没有往书房添置多少东西，即便是书，也只是买一些自己能读的。买来不读的，就不必买。装那个样子，没什么意思。当然了，据说有人可以一个月读几十本，我没那个能力，只好一本书慢慢读，来回读，即便这样还是记不住，那就不停地读。笨人当用笨法，玩虚的，也没什么意思。

有时候，也渴望能有一个特别大的书房，可会客酌茶，可练书法，可凭窗纵目山水，总之是可以撒欢的地方。有一个画家，在香港有一个画室兼书房。书房有多大呢？仅落地的连体大玻璃窗，就要走好多步才能走完，而窗外，是蔚蓝色的大海，真是让人羡慕。

转念一想，若真有这么豪奢的书房，固然是可以撒欢了，但可以纵情身体的地方，难免也就容易收敛不住灵魂和欲望。

还是算了吧。

图书在版编目（CIP）数据

一心无累 便是良辰 / 马德著. — 北京 : 台海出版社，2019.6
ISBN 978-7-5168-2372-9

Ⅰ. ①一… Ⅱ. ①马… Ⅲ. ①散文集－中国－当代 Ⅳ. ①I267

中国版本图书馆CIP数据核字(2019)第110959号

一心无累 便是良辰

著 者：马 德

责任编辑：王 萍　　策划编辑：刘连生
装帧设计：马顾本　　责任印制：蔡 旭

出版发行：台海出版社
地 址：北京市东城区景山东街20号　　邮政编码：100009
电 话：010-64041652（发行，邮购）
传 真：010-84045799（总编室）
网 址：www.taimeng.org.cn/thcbs/default.htm
E - mail：thcbs@126.com

经 销：全国各地新华书店
印 刷：天津市豪迈印务有限公司
本书如有破损、缺页、装订错误，请与本社联系调换

开 本：870mm×1280mm　　1/32
字 数：170千字　　印 张：8.5
版 次：2019年8月第1版　　印 次：2019年8月第1次印刷
书 号：ISBN 978-7-5168-2372-9

定 价：42.00元